全国工会干部培训基础教材

中国工人运动史概论

全国工会干部培训基础教材编写委员会◎编

中国工人出版社

图书在版编目（CIP）数据

中国工人运动史概论 / 全国工会干部培训基础教材编写委员会编．—北京：中国工人出版社，2021.11

ISBN 978-7-5008-7766-0

Ⅰ．①中… Ⅱ．①全… Ⅲ．①工人运动 – 历史 – 中国 – 学习参考资料 Ⅳ．① K261.3

中国版本图书馆 CIP 数据核字（2021）第 215271 号

中国工人运动史概论

出 版 人　董　宽
责任编辑　黄冰凌　周子欣
责任校对　赵贵芬
责任印制　栾征宇
出版发行　中国工人出版社
地　　址　北京市东城区鼓楼外大街45号　邮编：100120
网　　址　http://www.wp-china.com
电　　话　（010）62005043（总编室）
　　　　　（010）62005039（印制管理中心）
　　　　　（010）62382916（工会与劳动关系分社）
发行热线　（010）82029051　62383056
经　　销　各地书店
印　　刷　北京市密东印刷有限公司
开　　本　660毫米×960毫米　1/16
印　　张　15
字　　数　180千字
版　　次　2023年3月第1版　2024年6月第4次印刷
定　　价　35.00元

全国工会干部培训基础教材
编写委员会

团结动员亿万职工
为全面建设社会主义现代化国家
贡献力量（代序）

王东明

党的二十大是在全党全国各族人民迈上全面建设社会主义现代化国家新征程、向第二个百年奋斗目标进军的关键时刻召开的一次十分重要的大会，是一次高举旗帜、凝聚力量、团结奋进的大会，为新时代新征程党和国家事业发展、实现第二个百年奋斗目标指明了前进方向、确立了行动指南。必须深刻领会大会精神实质、把握核心要义、明确奋斗目标，在全面学习、全面把握、全面落实上下功夫，团结动员亿万职工在新征程上踔厉奋发、勇毅前行，为实现第二个百年奋斗目标贡献智慧和力量。

深刻领悟“两个确立”的决定性意义，把“两个维护”落实到工会工作各方面全过程

党的二十大在政治上、理论上、实践上取得了一系列重大成果。习近平同志在党的二十届一中全会上继续当选中共中央总书记，充分反映了全党全军全国各族人民的共同心愿和习近平总书记的崇高威望，充分展示了全党全国上下在以习近平同志为核心的党中央团结带领下战胜前进道路上一切风险挑战、开创美好未来的坚定信心和决心，是全党上下拥护“两个确立”、做到“两个维护”的生动实践和真实体现。

党的十八大以来，党和国家面临的形势之复杂、斗争之严峻、改革发展稳定任务之艰巨世所罕见、史所罕见，习近平总书记以高超的政治智慧、强烈的历史担当、卓越的领导能力和“我将无我，不负人民”的崇高境界，带领全党全军全国各族人民攻坚克难、砥砺前行，推动党和国家事业取得历史性成就、发生历史性变革。实践充分证明，新时代十年的伟大变革，根本在于有习近平总书记作为党中央的核心、全党的核心领航掌舵，在于习近平新时代中国特色社会主义思想的科学指引。“两个确立”是党在新时代取得的重大政治成果，是推动党和国家事业取得历史性成就、发生历史性变革的决定性因素。

习近平总书记高度重视工人阶级和工会工作，对工会坚持党的领导提出明确要求，强调工会工作做得好不好、有没有取得明显成效，关键看有没有坚持正确政治方向；坚持正确政治方向，一言以蔽之，就是要坚持中国共产党领导和社会主义制度；只有坚持党的领导，工会工作才能方向明确、不走偏路，才能做得有声有色、扎实有效；在坚持党的领导这个根本问题上，工会必须旗帜鲜明、立场坚定。回顾百年来党领导的现代工人运动史，我国工会坚定不移在党的领导下开展工作，与历史同步伐、与时代共命运，为党和国家事业发展作出了重要贡献。

党的十八大以来，全总和各级工会始终把坚持党的领导作为工会工作的最高政治原则和根本保证，把深入学习贯彻习近平新时代中国特色社会主义思想作为首要政治任务，健全学习新时代党的创新理论的制度性安排，准确把握其基本观点、核心要义、科学体系、根本要求；完善党组（党委）会议“第一议题”制度，第一时间传达学习、第一时间狠抓落实习近平总书记重要指示批示、党中央重大决策部署；完善向党中央请示报告重大事项制度，探索与省级党委协调推进工会工作的机制，完善全总定期听取省级工会工作报告和意见建议制度；以党的政治建设为统领加强党的各项建设，全面推进工会系统从严治党，营造风清气正的良好政治生态。党的十八大以来工会工作取得重要进展和新成效，根本在于始终坚持党对工会的领导，在于始终坚持以习近平新时代中国特色社会主义思想为指导。

当前，世界百年未有之大变局加速演进，新一轮科技革命和产业变革深入发展，国际力量对比深刻调整，我国发展进入战略机遇和风险挑战并存、不确定难预料因素增多的时期。面对严峻复杂的形势，最重要的就是要始终坚持“两个确立”，坚决做到“两个维护”，这是党在新时代十年伟大变革中积累的宝贵经验，是党和国家的前途命运所系、全国各族人民的根本利益所在，是党团结带领全国各族人民全面建设社会主义现代化国家、夺取新的伟大胜利的根本政治保证。新征程上，各级工会组织和广大工会干部必须深刻领悟“两个确立”的决定性意义，进一步增强“四个意识”、坚定“四个自信”、做到“两个维护”，坚定不移在思想上政治上行动上同以习近平同志为核心的党中央保持高度一致。坚持不懈强化理论武装，深刻把握习近平新时代中国特色社会主义思想的世界观和方法论，坚持运用贯穿其中的立场观点方法，切实用以指导实践、推动工作、破解难题。自觉同习近平总书记重要指示批示精神、重要论述、党中央决策部署要求对标对表，真正把拥护“两个确立”、做到“两个维护”体现在行动上，落实到工作中。面向基层和一线职工，广泛开展多种形式的宣传宣讲，推动“两个确立”更加深入人心、“两个维护”成为广大工会干部和职工群众的自觉行动。

引领职工听党话、跟党走，汇聚起亿万职工团结奋斗的磅礴力量

党的二十大立足新时代新征程的历史方位，深刻分析我国发展面临的形势和挑战，对全面建成社会主义现代化强国两步走战略安排进行了宏观展望，重点部署了未来5年的战略任务和重大举措，发出了为全面建设社会主义现代化国家、全面推进中华民族伟大复兴而团结奋斗的伟大号召。

习近平总书记强调，党和人民取得的一切成就都是团结奋斗的结果，团结奋斗是中国共产党和中国人民最显著的精神标识。团结才能胜利，奋斗才会成功。新时代十年，我们以奋发有为的精神把新时代中国特色社会主义推向前进，创造了一个个令人刮目相看的人间奇迹，靠的就是全党全国各族人民万众一心、勇往直前、团结奋斗。汇聚起亿万人民团结奋斗的磅礴伟力，离不开扎实有效的思想政治引领。通过卓有成效的思想政治引领，把亿万职工思想统一起来、共识凝聚起来、力量激发出来，工会重任在肩、使命在肩。

党的十八大以来，全总和各级工会认真履行引导职工群众听党话、跟党走的政治责任，把学习贯彻习近平新时代中国特色社会主义思想作为加强思想政治引领的第一位任务，通过理论宣讲、劳模宣讲、演讲比赛、知识竞赛等方式，把“大学习”的课堂搬到工厂车间、生产一线，推动习近平新时代中国特色社会主义思想进企业、进车间、进班组。加强对习近平总书记关于工人阶级和工会工作的重要论述的学习贯彻和研究阐释，推动重要论述在工会系统和广大职工中落地生根。深入开展“永远跟党走、奋进新征程”、“喜迎二十大、建功新时代”等系列宣传教育活动，培育和践行社会主义核心价值观，“中国梦·劳动美”的价值引领深入基层、扎根职工。大力弘扬劳模精神、劳动精神、工匠精神，组织劳模、工匠人才进校园、进企业，发布全国“最美职工”、“大国工匠年度人物”，努力营造劳动光荣的社会风尚和精益求精的敬业风气。加强重点领域重点群体职工思想政治工作，创新工作方式方法，强化网上思想引领，推动思想政治工作传统优势与信息技术深度融合，加强对职工的人文关怀和心理疏导，建设健康文明、昂扬向上、全员参与的职工文化。

全面建设社会主义现代化国家，是一项伟大而艰巨的事业，前途光明，任重道远，更加需要坚定信念、鼓舞斗志，更加需要同心同德、团结奋斗。新征程上，工会必须牢记“三个务必”，牢牢把握团结奋斗的时代要求，把巩固团结奋斗的共同思想基础作为思想政治引领的重要内容，不断创新职工思想政治工作，引导广大职工坚定中国特色社会主义道路自信、理论自信、制度自信、文化自信，不断增强对中国共产党领导和中国特色社会主义制度的政治认同、思想认同、情感认同，自觉把人生理想、家庭幸福融入国家富强、民族复兴的伟业之中，更加紧密地团结在以习近平同志为核心的党中央周围，坚定不移听党话、矢志不渝跟党走，为实现党的二十大确定的目标任务团结奋斗。

贯彻党的全心全意依靠工人阶级方针，组织动员亿万职工在新征程上建功立业

党的二十大报告指出，从现在起，中国共产党的中心任务就是团结带领全国各族人民全面建成社会主义现代化强国、实现第二个百年奋斗目标，以中国式现代化全面推进中华民族伟大复兴。这是站在历史和时代的高度，全面把握党和国家事业发展新要求、人民群众新期待，向全党全国各族人民发出的动员令。

习近平总书记强调，工人阶级是我国的领导阶级，是我国先进生产力和生产关系的代表，是我们党最坚实最可靠的阶级基础。我国工会是中国共产党领导的工人阶级群众组织，团结动员广大职工群众为实现党在不同历史时期确立的纲领、目标和中心任务而努力奋斗是工会的重要使命。新民主主义革命时期，工会按照党确立的符合当时形势的工运策略和活动方式，提高工人阶级的政治觉悟，动员工人群众开展各种形式的斗争，团结动员广大职工为实现民族独立、人民解放而奋斗；社会主义革命和建设时期，工会动员带领广大工人坚决响应党的号召，焕发国家主人翁精神，为建立和巩固人民当家作主的新政权、建立独立的比较完整的工业体系和国民经济体系而奋斗；改革开放和社会主义现代化建设新时期，工会坚持围绕中心、服务大局，团结动员广大职工为坚持和发展中国特色社会主义而奋斗。

党的十八大以来，全总和各级工会围绕国家重大战略、重大工程、重大项目、重点产业，组织职工广泛深入持久开展多种形式的主题劳动和技能竞赛，开展“小发明、小创造、小革新、小设计、小建议”等群众性创新活动；加强劳模、工匠和职工学习阵地建设，示范带动创建各级各类创新工作室8万多家；成功举办首届大国工匠创新交流大会，习近平总书记向大会致贺信；推荐多名一线工人获得国家科技进步奖，职工创新创造活力显著提升。扎实推进产业工人队伍建设改革，成立推进产业工人队伍建设改革工作领导小组，产业工人思想引领、建功立业、素质提升、地位提高、队伍壮大等改革措施有效落实，改革取得重要阶段性成效，产业工人在推进高质量发展中的主力军作用更加突出。

党的二十大擘画了以中国式现代化推进中华民族伟大复兴的宏伟蓝图，把宏伟蓝图变成美好现实，根本上要靠包括工人阶级在内的全体人民的劳动、创造、奉献。新征程上，工会必须牢牢把握为实现中华民族伟大复兴的中国梦而奋斗的我国工人运动时代主题，充分发挥工人阶级主力军作用，团结动员亿万职工为推进中国式现代化建功立业。围绕建设教育强国、科技强国、人才强国，深化产业工人队伍建设改革，抓好抓实职工素质提升工作，加快构建产业工人技能形成体系，推动健全落实高技能人才培养、使用、评价、激励、保障机制，畅通技能人才流动渠道，努力建设一支宏大的知识型、技能型、创新型产业工人大军，为推进中国式现代化提供坚实人才和技能支撑。

坚持以人民为中心的发展思想，扎实做好工会维权服务工作

党的二十大报告通篇贯穿人民至上的根本立场和以人民为中心的发展思想，强调“江山就是人民，人民就是江山”，强调“为民造福是立党为公、执政为民的本质要求”，对“增进民生福祉，提高人民生活品质”作出安排部署，充分体现了以习近平同志为核心的党中央矢志不渝、坚守初心的政治本色和深厚为民情怀，体现了我国社会主义制度的本质和优越性，顺应了历史发展大势和人民群众期盼。

习近平总书记指出，我们党的根本宗旨就是为人民群众办好事，为人民群众幸福生活拼搏、奉献、服务；要想人民之所想，行人民之所嘱，不断把人民对美好生活的向往变为现实；工会要认真履行维护职工合法权益、竭诚服务职工群众的基本职责，把服务职工、维护职工合法权益的大旗牢牢掌握在手中，哪里的职工合法权益受到侵害，哪里的工会就要站出来说话。扎实做好维权服务工作，是工会落实以人民为中心的发展思想、践行全心全意为人民服务根本宗旨的必然要求。

党的十八大以来，全总和各级工会认真履行基本职责，推动修改《中华人民共和国工会法》、《中国工会章程》，将工会基本职责拓展为“维护职工合法权益、竭诚服务职工群众”。助力落实“六稳”、“六保”任务，深入细致做好职工就业创业服务，推动就业优先战略和积极就业政策落实落地。以货车司机、网约车司机、快递员、外卖配送员等为重点，出台推进新就业形态劳动者建会入会和权益保障工作的指导性文件，大力推行“重点建、行业建、兜底建”模式，推进互联网百强企业建会，2021年度全国互联网百强企业全部实现建会突破，工会组织覆盖和工作覆盖取得阶段性进展，推动解决了一批新就业形态劳动者的急难愁盼问题。做优做强送温暖、金秋助学、阳光就业、职工医疗互助、工会法律援助等工作，开展提升职工生活品质试点，将20家工会帮扶中心和50家企业（工业园区）纳入全总试点单位，各省（区、市）和新疆生产建设兵团总工会开展省级试点。加强服务职工阵地建设，建设“劳动者港湾”、“爱心驿站”等工会户外劳动者服务站点10.58万个，累计投入资金18.66亿元。将城市困难职工解困脱困作为重点工作，主动融入党政工作大盘子，通过建档立卡、精准施策、强化评估、压实责任等具体举措，推动549.87万户困难职工家庭全部如期实现解困脱困。贯彻落实党中央国务院《关于构建和谐劳动关系的意见》，推动健全党政主导的维权服务机制，努力把劳动关系矛盾化解在基层、化解在萌芽状态。贯彻总体国家安全观，坚决维护劳动领域政治安全，加强相关工作体系建设，健全劳动关系风险监测、分析、研判、预防机制和职工队伍稳定风险排查化解机制，促进职工队伍团结统一与社会和谐稳定。

党的二十大对保障和改善民生、扎实推进共同富裕作出重要部署，为工会围绕中心、服务大局，履行好维权服务基本职责提供了重要契机。新征程上，工会必须始终坚持以职工为中心的工作导向，不断深化自身改革和建设，保持和增强政治性、先进性、群众性，有效发挥党联系职工群众的桥梁纽带作用。积极参与涉及职工切身利益的法律法规政策的制定修改，推动健全劳动法律法规体系。推动落实就业优先政策，推动健全就业促进机制，加强困难群体就业兜底帮扶，推动完善工资平等协商机制、正常增长机制、支付保障机制，健全向一线职工倾斜的分配制度，推动提高劳动报酬在初次分配中的比重，在促进共同富裕中更好发挥工会作用。积极推动完善以职工代表大会为基本形式的企事业单位民主管理制度，依法保障职工知情权、参与权、表达权、监督权，在发展全过程人民民主中保障职工民主政治权利。加快构建以普惠性服务和精准帮扶为重点的工会服务职工体系，着力提升质量和实效。巩固拓展城市困难职工解困脱困成果，推动解困脱困与提升职工生活品质有效衔接，健全困难职工家庭常态化帮扶机制，不断提高职工群众的获得感、幸福感、安全感。增强忧患意识、坚持底线思维，发扬斗争精神、增强斗争本领，密切关注降薪裁员、欠薪欠保、劳资纠纷、生活困难等可能引发的突出风险，积极推进“法院+工会+人社+司法”四方联动机制建设，推动构建和谐劳动关系，在维护企业和社会大局和谐稳定中更好发挥工会组织作用。

党的二十大吹响了新时代新征程奋勇前进的号角。我们要进一步增强学习领会贯彻落实党的二十大精神的自觉性和坚定性，找准工会贯彻落实党的二十大精神的切入点、结合点、着力点，切实把党中央提出的战略部署转化为工会的实际行动，充分展示工会在推进中国特色社会主义事业中的新担当新作为。

（本文系全国人大常委会副委员长、中华全国总工会主席王东明同志在2022年12月16日《求是》杂志发表的署名文章）

目　录

CONTENTS

概　述

从党领导中国工人运动的百年历史中汲取奋进力量

我国工人运动是在中国共产党的直接领导下发展壮大起来的。100年来，中国共产党在领导中国革命、建设和改革的长期历史实践中，始终全心全意依靠工人阶级，始终重视对工人运动的领导，始终注重发挥工会组织的作用。100年来，无论是在风雨如磐的革命年代、如火如荼的建设时期，还是在激越奋进的改革开放征程上，特别是进入新时代，中国工会作为党联系职工群众的桥梁纽带、社会主义国家政权的重要社会支柱、职工利益的代表者维护者，始终自觉接受党的领导，动员广大职工群众围绕党的纲领和不同历史时期确立的中心任务，前赴后继、奋勇拼搏，艰苦奋斗、建功立业，谱写了恢宏壮丽的篇章。

一、中国共产党领导工人运动的百年历程

（一）新民主主义革命时期，党把领导工人运动作为一项重要任务

1921年，中国共产党一经成立，就承担起工人运动领导者和工人阶级先锋队的责任。《中国共产党第一个决议》提出了开展工人运动的任务、方针和要求。1921年8月11日，中国共产党早期公开领导工人运动的领导机关——中国劳动组合书记

部在上海成立。党成立后不到半年时间，就领导了全国第一次工人运动高潮，极大地扩大了中国共产党和工人阶级的政治影响。1925年5月，在党的领导下，第二次全国劳动大会召开，宣布成立中华全国总工会，标志着中国工人运动和工会组织在政治与组织上的统一。党的许多早期领导人，如毛泽东、周恩来、刘少奇、李立三、邓中夏、苏兆征、蔡和森、赵世炎、王荷波等，都亲自领导过工人运动，不少还担任过工会组织领导人。1927年大革命失败后，党不断加强和改进对工人运动的领导。1939年4月，中共中央成立职工运动委员会。1948年8月，第六次全国劳动大会恢复中华全国总工会，重新实现了工人阶级的大团结和全国工人运动在组织上的统一。1949年3月，党的七届二中全会明确提出全心全意依靠工人阶级方针。1949年7月，全国工会工作会议召开，规定了全国各级工会的组织系统和一些规章制度，提出把全国工人阶级首先是产业工人组织起来的任务。全国范围内各级工会组织广泛建立，工会会员迅速发展，在巩固政权建设、恢复生产建设、广泛教育职工等方面发挥了重要作用。

（二）社会主义革命和建设时期，党领导工人运动为社会主义建设作出积极贡献

新中国成立后，党的工作重心由农村转入城市，工人阶级成为国家的领导阶级，成为国家和企业的主人。在党的领导下，工会的基本方针、组织原则、组织体系等逐步确立和不断完善，对我国工运事业和工会工作产生了深远影响。1950年6月，中央人民政府颁布《中华人民共和国工会法》，确定了中国工会在国家政治、经济和社会生活中的重要地位和作用，这是新中国最早实施的三部基本法律之一。工人阶级的劳动和生活条件得到改善，用工制度改革解决了失业问题，工资制度改革建立了按劳分配的社会主义分配原则。《中华人民共和国劳动保险条

例》等一系列劳动和安全生产条例颁布出台，明确了劳动保险事业托交工会统一管理，职工集体福利事业普遍开展，一种以社会主义计划经济为主要特征的劳动用工制度逐步形成。1953年5月召开的中国工会七大，是新中国成立后召开的第一次工会全国代表大会，确定了“以生产为中心，生产、生活、教育三位一体”的工会工作方针，对发挥工会在社会主义建设中的作用具有积极意义。1956年9月，党的八大关于社会主要矛盾和党的根本任务的论述，为工会组织在社会主义建设事业中发挥更大作用提出了新的要求。1958年3月，党中央召开政治局扩大会议，历史性确定了工会实行同级党组织和上级工会双重领导，以同级党组织领导为主的原则。这一时期，在党的领导和政府的号召下，工人阶级在各级工会组织带动下参与社会主义建设的热情空前高涨，取得了丰硕成果。

（三）改革开放和社会主义现代化建设新时期，党对工人运动的领导不断加强

1978年10月，中国工会九大召开，邓小平同志向大会致祝词，为工会工作指明了方向。1982年，党的十二大提出建设有中国特色的社会主义，针对新时期工人阶级构成情况，提出必须大大加强党在工会中的工作，使工会成为联结党和工人群众的强大纽带。根据党的十三大提出党在社会主义初级阶段的基本路线，1988年全总十届六次执委会审议通过了《工会改革的基本设想》，系统提出工会以经济建设为中心，在维护全国人民总体利益的同时，更好地表达和维护职工群众的具体利益，明确工会履行维护、建设、参与和教育四项社会职能。1989年12月，中共中央发出《关于加强和改善党对工会、共青团、妇联工作领导的通知》。1992年4月，修改后的工会法正式颁布实施，为发挥工会组织在国家政治、经济和社会生活中的作用提供了法律保障。1993年，工会十二大发出积极探索有中国特色

社会主义工会工作的新路子，努力开创工会工作新局面的号召。1994年，工会提出了工会工作总体思路，以贯彻实施劳动法为契机和突破口，带动工会各项工作，推动自身改革和建设。1999年，强调要更好地履行工会的维护职能，提出实现工会工作“五突破一加强”的基本要求。2003年，工会十四大以来，党领导中国工会立足历史方位的变化，深入探索研究新的历史条件下工会工作的特点和规律，形成了中国特色社会主义工会发展道路，确立了“组织起来、切实维权”的工作方针，树立了“以职工为本，主动依法科学维权”的工会维权观，明确了“促进企业发展、维护职工权益”的企业工会工作原则，为推动科学发展、经济结构战略性调整、促进社会和谐和维护社会稳定作出了重要贡献。

（四）中国特色社会主义新时代，党的领导为新时代工人运动把正方向、引对道路

党的十八大以来，以习近平同志为核心的党中央始终关心工人阶级和工会工作。党的代表大会报告都有关于工会等群团工作的部署，党中央和各级党委把工会工作提上重要议程，定期听取工作汇报，每年进行专题研究，参加工会的重大活动，出台制度文件，在工会代表大会上致词，把工会组织建设纳入党的建设的总体格局等。2015年1月8日，中共中央印发《关于加强和改进党的群团工作的意见》，7月6日党中央首次召开中央党的群团工作会议，从巩固党执政的阶级基础、群众基础的战略高度，从党和国家事业长远发展的全局高度，深刻阐明了党的群团工作的一系列重大理论和实践问题。会后不久，中央部署开展群团改革试点，进而全面铺开群团改革，党对群团工作的领导得到全面加强。自2015年起，每五年以最高规格——党中央、国务院名义隆重表彰全国劳动模范和先进工作者，给予最高褒奖。2018年2月，党的十九届三中全会提出了深化党

和国家机构改革的目标，把形成联系广泛、服务群众的群团工作体系作为一项重要内容，纳入全面深化改革的大盘子谋划推进。习近平总书记多次在重要会议、重要场合围绕坚持全心全意依靠工人阶级方针，崇尚劳动、热爱劳动，充分发挥劳模示范引领作用等发表重要讲话，在考察调研中深入基层、企业，看望慰问劳模和一线职工。2017 年 4 月，党中央、国务院印发《新时期产业工人队伍建设改革方案》，在我们党和国家历史上首次专门部署产业工人队伍建设改革。在党的领导和关心下，中国工人阶级先进性不断增强，地位作用日益显现，素质不断提升。目前，技能劳动者已经超过 2 亿人，高技能人才超过 5000 万人，涌现出一批劳模和先进工作者。

二、中国共产党领导工人运动的理论探索

（一）始终坚持马克思主义指导地位

马克思、恩格斯对工人阶级政党和工会作出阐述，在《共产党宣言》中指出，“共产党人不是同其他工人政党相对立的特殊政党。他们没有任何同整个无产阶级的利益不同的利益”。列宁确立了党与工会的正确关系，他提出，“工会应当是苏维埃政治之最亲近和最必需的同事，而苏维埃政权，在其全部政治和经济工作上都是由工人阶级的觉悟的先锋队——共产党所领导的”。“工会是工人群众学习管理的学校，学习主持经济的学校，是共产主义的学校。”列宁还把党领导的工会等群众组织形象地比作无产阶级政权体系的“传动装置”和“杠杆”，功能是把党和劳动群众联系起来，强调工会要紧紧地靠近党，这是唯一正确的原则。中国工会自觉接受党的领导是我国宪法、工会法和工会章程等明确规定的。《中国共产党章程》规定，中国共产党是中国工人阶级的先锋队，同时也是中国人民和中华民族的先锋队，是中国特色社会主义事业的领导核心，代表中

国先进生产力的发展要求，代表中国先进文化的前进方向，代表中国最广大人民的根本利益。《中国工会章程》总则规定，中国工会是中国共产党领导的职工自愿结合的工人阶级群众组织。

（二）创新发展马克思主义工运理论

中国工会必须自觉接受党的领导，这是我们党的一贯主张。毛泽东指出，中国共产党是全中国人民的领导核心。没有这样一个核心，社会主义事业就不能顺利。邓小平同志指出，党对群众团体，应加强其政治领导，不应在组织上去包办。江泽民同志指出，各级工会组织要始终坚持党的领导，在思想上、政治上同党中央保持高度一致，紧紧围绕全党、全国工作的大局开展工作。胡锦涛指出，要加强和改善党对工会工作的领导，支持工会创造性地开展工作，把更多资源和手段赋予工会组织。要进一步提高接受党的领导的自觉性和坚定性，进一步提高在全党全国工作大局下行动的自觉性和坚定性，真正把中央的路线方针政策和工作部署贯彻到工会的各项工作中去，充分发挥工会在促进改革发展稳定中的重要作用。这些重要指示，阐释了工会与工人阶级政党的关系这一马克思主义工运理论的重大问题，为中国工会团结带领广大职工为巩固党的执政地位、夯实党的执政基础、完成党的执政使命而不懈奋斗，奠定了坚实的思想理论基础。

（三）开辟马克思主义工运理论新境界

习近平总书记关于工人阶级和工会工作的重要论述，深刻阐明了工会工作的地位作用、目标任务、实践要求，科学回答了工人阶级和工会工作的一系列方向性、根本性、战略性重大问题，涵盖了工会工作各领域、各方面，意涵深刻、内容丰富，系统完备、科学辩证，是对马克思主义劳动学说和工运学说的传承和升华，是新时代工运事业和工会工作创新发展的理论指导和行动指南。中国工会十七大报告用“八个坚持”对习近平总书记关于工人阶级和工会工作的重要论述作了提炼、概括和阐释，一是坚持党对工会工作的领导；二是坚持全心全意依靠工人阶级；三是坚持为实现中华民族伟大复兴的中国梦而奋斗；四是坚持中国特色社会主义工会发展道路；五是坚持弘扬劳模精神、劳动精神、工匠精神；六是坚持高举维护职工合法权益旗帜；七是坚持增强政治性、先进性、群众性的工会改革方向；八是坚持加强基层工会建设。其中第一位的就是坚持党对工会工作的领导，也是这一理论体系的关键。

习近平总书记强调，工会工作做得好不好、有没有取得明显成效，关键看有没有坚持正确政治方向。坚持正确政治方向，就是要坚持中国共产党领导和社会主义制度。工会作为中国共产党领导的工人阶级群众组织，在坚持党的领导这个根本问题上必须头脑十分清醒、立场十分坚定、行动十分坚决。把党的领导落实到实际行动中，一是要始终在政治立场、政治方向、政治原则、政治道路上同以习近平同志为核心的党中央保持高度一致，旗帜鲜明地讲政治，牢固树立政治意识、大局意识、核心意识、看齐意识，深刻领悟“两个确立”的决定性意义；二是要自觉服从服务于党和国家工作大局，在大局下思考、在大局下行动，自觉服从大局、坚决维护大局，找准工作的结合点和着力点，团结动员职工群众为完成党的中心任务贡献力量；三是要坚持中国特色社会主义工会发展道路，保持战略定力，增强坚持和拓展这条道路的责任心和使命感，不为任何风险所惧、不为任何干扰所惑，勇于实践、勇于创新，努力使这条道路越走越宽广；四是要积极争取各级党委加强和改善对工会的领导，把工会工作摆上重要位置，将工会组织建设纳入党建总体格局，健全党建带工建的领导机制和工作制度，定期听取工会工作汇报，精心指导工会工作，不断提升工会工作的水平。只有坚持党的领导，工会工作才能方向明确，不走偏路，才能做得有声有色、扎实有效，才能把党的领导落实到广大职工群众中去，才能巩固和发展党执政的阶级基础和群众基础。

三、百年中国工人运动的启示体会

（一）始终坚持党的领导是做好工会工作的政治原则和根本保证

百年发展历程启示我们：中国工人运动只有在工人阶级的先锋队——中国共产党领导下，把党的理论和路线方针政策贯彻落实到工会工作各方面、全过程，工运事业才能牢牢把握正确的政治方向，才能生机勃勃向前发展。习近平总书记指出，工会是党联系职工群众的桥梁和纽带，工会工作是党的群团工作、群众工作的重要组成部分，是党治国理政的一项经常性、基础性工作。工会要永远保持自觉接受党的领导这一优良传统。新时代，我们要始终坚持用党的创新理论武装头脑、指导实践、推动工作，深刻领悟“两个确立”的决定性意义，增强“四个意识”、坚定“四个自信”、做到“两个维护”，深入学习贯彻习近平新时代中国特色社会主义思想，结合党史、新中国史、改革开放史、社会主义发展史，结合习近平总书记关于工人阶级和工会工作的重要论述，不断学习，不断实践，不断领悟，切实在学懂弄通做实上下功夫，自觉把党的基本理论、基本路线、基本方略贯穿到工会工作各方面、全过程，使党的创新理论真正走近职工身边、走进职工心里，增强对党的创新理论的政治认同、思想认同、情感认同，不断提高政治判断力、政治领悟力、政治执行力，进一步增强“四个意识”、坚定“四个自信”、做到“两个维护”，在思想上政治上行动上始终同以习近平同志为核心的党中央保持高度一致。

（二）始终服从服务于党和国家工作大局是工会工作的主题主线

百年发展历程启示我们：工会只有始终把党的纲领作为自己的纲领，把党的奋斗目标作为自己的奋斗目标，把自身的工作与党领导的伟大事业紧密联系在一起，团结动员职工群众为完成党的中心任务贡献力量，才能代表职工群众，充分发挥作用，成为推动历史前进的积极力量。习近平总书记指出，实现中华民族伟大复兴的中国梦，根本上要靠包括工人阶级在内的全体人民的劳动、创造、奉献。工会要牢牢抓住这个主题，建设知识型、技能型、创新型劳动者大军，在改革发展稳定第一线建功立业。新时代，我们要立足中华民族伟大复兴的战略全局和世界百年未有之大变局，心怀“国之大者”，准确把握新发展阶段，深入贯彻新发展理念，服务构建新发展格局，找准工作的结合点和着力点，团结引导广大职工为国家富强、民族复兴、人民幸福贡献智慧和力量。

（三）始终坚持贯彻全心全意依靠工人阶级方针是工会工作的重要遵循

百年发展历程启示我们：中国共产党自成立以来始终把工人阶级作为自己最坚实最可靠的阶级基础；坚持全心全意依靠工人阶级方针，关系到巩固党的阶级基础和执政地位，也关系到中国工运事业的未来发展。习近平总书记强调，全心全意依靠工人阶级不能只当口号喊、标签贴，而要贯彻到党和国家政策制定、工作推进全过程，落实到企业生产经营各方面。那种无视我国工人阶级成长进步的观点，那种无视我国工人阶级主力军作用的观点，那种以为科技进步条件下工人阶级越来越无足轻重的观点，都是错误的、有害的。不论时代怎样变迁，不论社会怎样变化，我们党全心全意依靠工人阶级的根本方针都不能忘记、不能淡化，我国工人阶级地位和作用都不容动摇、不容忽视。新时代，我们要坚持政治上保证、制度上落实、素质上提高、权益上维护，保证工人阶级主人翁地位，充分发挥工人阶级主力军作用，深入推进产业工人队伍建设改革，不断增强工人阶级的先进性，通过工会扎实有效的工作把坚持党的领导落实到广大职工群众中去，生根发芽，落地开花，把职工群众最广泛、最紧密地团结在党的周围。

（四）始终维护职工合法权益、竭诚服务职工群众是工会组织的基本职责

百年发展历程启示我们：维护职工合法权益、竭诚服务职工群众，是工会赢得职工群众信赖和支持的关键所在；群众路线是工会工作的生命线和根本工作路线，工会最大的优势是密切联系职工群众，最大的危险是脱离职工群众。习近平总书记强调，工会要坚持以职工为中心的工作导向，抓住职工群众最关心最直接最现实的利益问题，认真履行维护职工合法权益、竭诚服务职工群众的基本职责，把群众观念牢牢根植于心中，哪里的职工合法权益受到侵害，哪里的工会就要站出来说话。新时代，我们要坚持以职工为中心的工作导向，抓住职工群众最关心最直接最现实的利益问题，突出城市困难职工、农民工、新业态就业人员等群体，增强维权意识、提升维权能力，主动作为、善于作为，发挥好协调劳动关系的作用，健全劳动关系协调机制，及时正确处理劳动关系矛盾，帮助职工群众通过正常途径依法表达利益诉求，解决职工“急难愁盼”问题，打通联系服务职工群众“最后一公里”，让职工群众真正感受到工会是“职工之家”，工会干部是最可信赖的“娘家人”、贴心人。

（五）始终推动改革创新是工运事业保持生机的不竭动力

百年发展历程启示我们：工会工作与社会变革、劳动经济

关系的调整变化、职工群众的现实诉求息息相关；与时俱进、改革创新始终是工会工作和工运事业的鲜明特色。习近平总书记强调，新形势下，党的群团工作只能加强、不能削弱，只能改进提高、不能停滞不前。要自觉运用改革精神谋划推进工会工作，创新组织体制、运行机制、活动方式、工作方法，推动工会工作再上新台阶。新时代，我们要把保持和增强政治性、先进性、群众性作为群团工作的根本标尺和长期任务来抓，树立落实到基层、落实靠基层理念，坚持把改革向基层延伸，把力量和资源向基层充实，使基层工会组织建起来、转起来、活起来，健全工会工作制度机制，构建联系广泛、服务职工的工会工作体系，在建机制、强功能、增实效上下功夫，增强团结教育、维护权益、服务职工功能，切实把工会组织建设得更加充满活力、更加坚强有力。

伟大祖国前景光明、复兴伟业击鼓催征。站在“两个一百年”奋斗目标历史交汇点上，党领导的中国工运事业正迎来中华民族伟大复兴的曙光。工会将团结引领亿万职工更加紧密地团结在以习近平同志为核心的党中央周围，听党话、感党恩、跟党走，肩负历史使命、勇于责任担当，发扬优良传统、锐意改革创新，续写新时代中国工人运动的新篇章！

第一章　新民主主义革命时期的工人运动

1921年中国共产党成立以后，就承担起工人运动领导者和工人阶级先锋队的责任。党坚持运用马克思主义工运理论指导工人运动和工会工作，为工人运动指明前进方向。党领导的工人运动逐渐成为中国工人运动的主流。

新民主主义革命时期，中国共产党通过颁布决议、发布指示，为工人运动的发展提供路线、方针、政策指引；组织领导成立中国劳动组合书记部、中华全国总工会、全国总工会苏区中央执行局、全国总工会西北执行局、中央职工运动委员会、中国解放区职工联合会筹备委员会，持续指导和推动工人运动的发展；党的许多领导人，如毛泽东、周恩来、刘少奇、陈云、李立三等都亲自领导过工人运动，或担任过工会组织领导人，邓中夏、苏兆征、蔡和森、赵世炎、王荷波、张浩、邓发等党的工运领袖为此付出了宝贵生命。大革命时期，中国共产党领导掀起一次又一次工人运动高潮，扩大了中国共产党和工人阶级的政治影响。土地革命时期，中国共产党领导成立苏维埃工会，动员和组织工人直接配合、支援革命战争。抗日战争时期，党及时调整工人运动策略，对工会的性质、任务、作用和在抗日民族统一战线中的策略问题等作出原则规定。解放战争时期，党确定了全心全意依靠工人阶级的方针，带领解放区和国统区的工人群众，从各自不同的地位、环境和条件出发，积极组织争取和平民主运动、支援人民解放战争、配合开展接管城市斗争，迎接新中国的成立。

第一节 中国共产党的创立和大革命时期的工人运动

五四运动是中国新民主主义革命的开端，也是中国工人阶级以独立姿态登上历史舞台的标志。五四运动促使马克思主义与中国工人运动相结合，中国共产党应运而生。中国共产党作为中国最先进的阶级——工人阶级的政党，不仅代表着工人阶级的利益，而且代表着整个中国人民和中华民族的利益。它从一开始就坚持以马克思主义为行动指南，始终把为中国人民谋幸福、为中华民族谋复兴作为初心和使命。

一、中国共产党的创立

1921 年 7 月 23 日至 8 月初，中国共产党第一次全国代表大会在上海、浙江嘉兴南湖召开，宣告中国共产党正式成立。党的一大通过了中国共产党第一个纲领和第一个决议，选举产生了以陈独秀为书记的中央局。中国共产党的成立，是中华民族发展史上开天辟地的大事变，具有伟大而深远的意义。这一开天辟地的大事变，深刻改变了近代以后中华民族发展的方向和进程，深刻改变了中国人民和中华民族的前途和命运，深刻改变了世界发展的趋势和格局。

党的一大通过的《中国共产党第一个决议》，对领导工人运动作出了部署。《中国共产党第一个决议》明确规定中国共产党成立后的中心工作是领导、组织和推进工人运动，基本任务是成立产业工会，强调党应在工会中灌输阶级斗争的精神，提出了如何把工人组织起来，以及开展工人运动的工作原则。《中国共产党第一个决议》共有 6 项内容，有 3 项是关于工人阶级和工会工作的内容，第一项为工人组织（本党的基本任务是成立产业工会)，第三项为工人学校（因工人学校是组织产业工会过程中的一个阶段，所以在一切产业部门均应成立这种学校)，第四项为工会组织的研究机构（这种机构应由各个产业部门的领导人、有觉悟的工人和党员组成，应研究产业工会组织的工作方法等问题)。从此，在中国共产党的领导下，工人运动有计划有目的地开展并逐渐壮大起来。

二、中国劳动组合书记部的成立

党的一大召开时，由于党员人数较少，且党组织还不能在上海进行公开合法活动，在共产国际驻中国代表马林的提议下，决定成立一个可以公开指导全国工人运动的机构。1921 年 8 月 11 日，中国劳动组合书记部在上海成立，由张国焘担任主任、李启汉为秘书，创办机关报《劳动周刊》。中国劳动组合书记部总部成立之后，又相继在北京、长沙、武汉、广州、济南、上海等地设立分部机构。中国劳动组合书记部是中华全国总工会的前身，是中国共产党第一个公开领导工人运动的总机关，这一时期爆发的香港海员大罢工、安源路矿工人大罢工、开滦煤矿工人大罢工、京汉铁路工人大罢工等，都是在中国劳动组合书记部支援或直接领导下进行的。

三、第一次全国劳动大会的召开

为加强对日益高涨的工人运动的领导，中国共产党决定以中国劳动组合书记部的名义发起号召，邀请全国各地各党派工人团体，于 1922 年 5 月 1 日至 6 日，在广州召开第一次全国劳动大会，这是中国工人阶级第一次全国性的盛会。到会代表共有 173 人，他们代表着全国 110 多个工会、34 万名有组织的工人。代表中有共产党员、国民党员、无政府主义者等。大会通过了《八小时工作制案》、《罢工援助案》、《全国总工会组织原则案》等10项决议案，并明确在全国总工会成立以前，由中国劳动组合书记部作为全国工会总通讯机关。大会还通过了全国劳动大会第一次宣言。第一次全国劳动大会的召开，是中国工运史上的创举，标志着中国工人阶级开始走向团结统一，开创了工人联合的新纪元，确立了中国共产党在全国工人运动中的领导地位，为当时各地的工人运动的开展起到极为重要的推动作用。

1922年7月，中国共产党在上海召开了第二次全国代表大会，制定了党的纲领，提出了党的基本任务，通过了《关于"工会运动与共产党"的决议案》。同年8月，中国劳动组合书记部根据中共二大关于开展劳动立法运动的决定，发布了《劳动法案大纲》，号召全国工人开展劳动立法运动。

四、第一次工人运动高潮

中国共产党成立后，中国劳动组合书记部组织掀起了轰轰烈烈的全国罢工斗争。1922年1月12日至3月8日爆发的香港海员大罢工，是中国工人阶级第一次直接和帝国主义进行针锋相对的斗争，也是中国共产党领导工人运动掀起第一次高潮的起点。1923年2月4日爆发京汉铁路工人大罢工，2月7日，反动军阀对罢工工人进行血腥镇压，造成了震惊中外的二七惨案，标志着工人运动第一次高潮的结束。1922年1月至1923年2月，全国发生大小罢工130余起，参加人数在30万以上。其中，安源路矿工人大罢工和开滦煤矿工人大罢工最具代表性，充分显示出组织起来的工人阶级的力量。在领导工人运动的过程中，党的自身建设开始得到加强。党在工矿企业的基层组织开始建立起来。随着工人斗争的发展，涌现出苏兆征、史文彬、项英、邓培、王荷波等一批优秀人物，他们纷纷参加党的队伍。

五、中华全国总工会的成立

1924年1月，在中国共产党的参与下，中国国民党第一次全国代表大会在广州召开。第一次国共合作的实现，标志着革命统一战线的正式建立，为中国共产党组织和领导工人运动创造了有利条件。1925年1月11日至22日，中国共产党在上海召开了第四次全国代表大会，通过了关于职工运动等多项决议案，分析了全国工人运动所处的形势，详细制订了进一步开展工人运动的计划，对全国正在复兴并即将进入高潮的工人运动发挥了重要的指导作用，并为即将成立的中华全国总工会在思想上和政治上作了准备。

为指导和推动全国工人运动进一步发展，实现全国工人运动的统一和团结，根据中共中央决定，1925年5月1日至7日，第二次全国劳动大会在广州召开。出席会议的代表有281人，代表着166个工会团体和54万名有组织的工人。大会通过了《工人阶级与政治斗争的决议案》、《经济斗争决议案》、《组织问题决议案》、《工农联合决议案》、《对于赤色职工国际代表的决议案》、《铲除工贼决议案》、《工人教育决议案》、《中华全国总工会总章》等，明确规定了中国工会在民主革命中的方针、策略和组织原则，为指导和推动工人运动的发展起到了重要作用。

第二次全国劳动大会正式宣告中华全国总工会成立，撤销中国劳动组合书记部，由中华全国总工会统一领导全国的工会组织。按照会议通过的《中华全国总工会总章》，选举了中华全国总工会执行委员，由25人组成执行委员会。执行委员会推选林伟民为执行委员会委员长，刘少奇、邓培、郑绎生为副委员长，林伟民兼干事局总干事，李启汉为组织部长，戴卓民为秘书部主任，邓中夏为宣传部长，孙云鹏为经济部长，办公地点设在广州。中国共产党在全国总工会内设立党团，邓中夏任书记。大会还决定中华全国总工会加入赤色职工国际。

中华全国总工会的成立，标志着全国工人阶级在中国共产党的领导下，经过艰苦卓绝的斗争正式实现了全国工会在政治上与组织上的团结与统一，揭开了中国工人运动新的篇章，为全国工人阶级和工会组织在即将到来的大革命高潮中发挥先锋和骨干作用作了重要准备。大会通过的《中华全国总工会总章》，使中国工会第一次有了正式章程，在组织上进一步加强了全国工人运动的团结与统一，保证了奋斗方向与行动的一致。

六、大革命时期的工人运动

1925 年 5 月 15 日，日本资本家枪杀共产党员、上海内外棉厂工人顾正红，打伤工人十多人，激起了工人的强烈愤怒。5 月 30 日，工人群众举行反对帝国主义游行示威，遭到帝国主义的残酷镇压，这就是震惊中外的五卅惨案。党中央多次召开会议，及时提出指导斗争的方针、策略和口号，发动全上海工人罢工、商人罢市、学生罢课，抗议帝国主义暴行，北京、天津、青岛、武汉等地工人也相继举行罢工，形成席卷全国的五卅运动。1925 年 6 月 19 日，为支援上海人民五卅反帝爱国运动，邓中夏与苏兆征在广州和香港领导发起了规模宏大的省港大罢工。此次罢工历时长达 1 年零 4 个月，在中国工人运动史上是空前的，在世界工人运动史上也属罕见。

1926 年 2 月，中共中央在北京召开特别会议，通过了《关于现时政局与共产党的主要职任议决案》，决定党在现时政治上主要的职任是从各方面准备广东政府的北伐；而准备北伐，不仅是广东作军事的准备，更要在广东以外北伐战线必经之湖南、湖北、河南、直隶等处预备民众奋起的接应。为了贯彻中共中央这次特别会议的精神，同时根据章程规定，1926年5月1日至12日，中华全国总工会在广州召开第三次全国劳动大会，出席大会的代表502人，代表全国699个工会组织、124万余名会员。大会总结了全国总工会成立和五卅运动以来工人运动的经验，通过了《中国职工运动总策略》、《组织问题与其运用之方法》、《劳动法大纲》等决议案和工作报告决议，发表了《为促进北伐向国民政府请愿书》。大会选举了以苏兆征为委员长、项英为副委员长、刘少奇为秘书长的全国总工会新的领导机构，提出工人阶级的中心任务是巩固和扩大自己的组织，切实联合农民、小商人、学生及社会上一切国民民众，督促和援助广东国民政府北伐，以期早日完成国民革命统一中国。第三次全国劳动大会既是对一年来工运工作的总结大会，也是动员全国工人援助北伐革命的誓师大会。大会结束后，大批工运干部根据大会决议精神，纷纷返回各个地区，在工人群众中紧张地开展工作，积极动员工人群众起来准备迎接和支援北伐战争。

1926年7月9日，广东国民政府正式出师北伐。7月25日，中华全国总工会发表《对国民政府出师北伐宣言》，号召工人参加和支援北伐战争，为北伐战争时期工人运动的蓬勃发展提出了方针、策略，也为各地革命工会充分利用北伐战争的历史机遇发展工人运动提供了指导。

为了配合北伐战争的胜利进军，1926年10月至1927年3月，中国共产党领导上海工人阶级，先后举行三次武装起义。1927年3月21日，上海工人第三次武装起义推翻了北洋军阀在上海的统治，取得了胜利。上海工人第三次武装起义，是大革命时期中国工人运动的一次壮举，是北伐战争时期工人运动发展的最高峰。

第二节　土地革命战争时期的工人运动

1927 年 4 月 12 日，以蒋介石为首的国民党右派在上海发动了反革命政变，工人运动遭到严重破坏。大革命失败后，中国共产党逐步由城市转入农村，经过曲折探索走出一条适合中国特点的革命发展道路，即农村包围城市、武装夺取政权。在这条革命道路的探索中，工人运动在中国共产党的领导下不断发展壮大。

一、白区工人运动的探索

1927 年 6 月 19 日至 28 日，在蒋介石发动反革命政变之后的危急关头，第四次全国劳动大会在汉口召开。到会代表 420 人，代表全国有组织的 290 余万工人。大会分析了革命的危急形势，声讨了蒋介石等国民党右派背叛革命、屠杀工农的罪行，通过了《国民革命的前途和工会的任务》等 13 个决议案，但由于右倾错误思想压制，没有付诸实施。苏兆征再次当选中华全国总工会委员长，李立三任党团书记兼秘书长。

1927 年 8 月，全国总工会发表了《反抗压迫工人工会的宣言》，号召全国工人赶快团结起来，进行不屈不挠的英勇抵抗。由于在白区工运策略上存在着“左”的错误，导致各地工会滋长了盲动倾向，工人斗争大都遭到残酷镇压，大批工会干部和工人积极分子遭到逮捕、屠杀或开除，革命力量再次遭受损失。

1928 年 6 月 18 日至 7 月 11 日，中国共产党第六次全国代表大会在莫斯科召开。大会通过《职工运动决议案》，针对部分“左”倾错误做法，作出一些正确的规定。党的六大以后，为加强对工人运动的领导，中共中央成立了以项英为书记的工人运动委员会，健全了全国总工会的领导机构。

1929年11月7日至11日，第五次全国劳动大会在上海秘密召开。大会通过了《中华全国工人斗争纲领》、《工会组织问题决议案》、《对黄色工会问题决议案》，选举项英、邓中夏、林育南、史文彬等组成第五届执行委员会，项英当选委员长。第五次全国劳动大会肯定了完全不符合中国工人运动实际的“左”的策略，助长了白区工人运动中的“左”倾错误的发展，使工会组织在白区的处境更加艰难，大革命失败后幸存下来的有组织的工人有生力量，受到了几乎倾覆性打击。

1935年12月，瓦窑堡会议确立了建立抗日民族统一战线的总策略，实现了党的政治路线的重大转变，也纠正了工人运动中的“左”倾错误，实现了白区工运方向的根本转变，使白区工会工作有了正确的方向。

二、苏区工会的创建和工人运动

随着中国共产党领导下的土地革命战争的兴起和农村革命根据地的建立，中国革命走上了农村包围城市、武装夺取政权的道路。在中国共产党领导下的革命根据地，建立了工人阶级领导的工农民主政权，历史上简称“苏区”，在革命根据地建立的工会，也称“苏区工会”。苏区工会是在中国共产党领导的苏维埃人民政权中新开辟的一个崭新的工人运动领域，对党领导下的工农民主政权中如何开展工人运动进行了初步探索。苏区工会建立后，积极探索苏区工会的基本职能，参与苏维埃政权建设、土地革命和反帝运动，参加苏维埃经济建设和反封锁斗争，参军、参战支援革命战争。

1929年12月，中华全国总工会颁布《苏维埃区域工会工作大纲》，提出苏区工会工作的根本路线是“发挥无产阶级在农民斗争中的领导作用”，对怎样建立工会生活、工会组织系统、工会的经济斗争等作出原则规定。1931年3月，全国总工会苏区执行局在江西省吉安县富田镇建立，使分散在各省边界地区的苏区工人运动开始有了统一的组织领导，标志着苏区工人运动开始走上了新的发展道路。1931 年 11 月，中华苏维埃第一次全国代表大会在瑞金召开，宣布成立中华苏维埃共和国临时中央政府。会议颁布的《中华苏维埃共和国劳动法》，是苏维埃区域首个以国家基本法形式颁布的劳动法。《中华苏维埃共和国劳动法》的颁布，确定了许多工人权益的原则和措施，但由于受“左”倾错误思想影响，部分主张严重脱离当时苏区公私经济发展实际。

1933 年初，中华全国总工会从上海迁往瑞金，将原全国总工会苏区执行局改组为全国总工会苏区中央执行局，同时保留中华全国总工会名义，以指导全国工人运动。改组后的苏区中央执行局，由刘少奇任委员长，陈云任副委员长兼中国共产党驻全国总工会党团书记和全国总工会社会部部长（白区工作部部长）。1933 年 4 月到 1934 年 7 月，全国总工会苏区中央执行局先后在瑞金建立中国农业工人工会、中国店员手艺工人工会、中国纸业工人工会、中国苦力运输工人工会、苏维埃国家企业职工工会 5 个苏维埃全国性产业工会，工会组织得到快速发展。1934 年初，中华苏维埃第二次全国代表大会在瑞金召开，毛泽东在大会报告中对苏区工会作出高度评价，指出苏区工人组织了坚强的阶级工会。这种工会是苏维埃政权的柱石，是保护工人利益的堡垒，同时它又成为广大工人群众学习共产主义的学校。

1934 年 10 月，红军被迫放弃革命根据地，实施战略转移即长征，苏区工会停止活动。但是，从红军开始准备实施战略转移，到长征途中及红军到达陕北，苏区工会在援助红军战略转移、参加支持游击战争中都发挥了重要作用，并且把苏区工会的革命火种撒在长征路上，带到了陕北革命根据地。

三、西北革命根据地工会工作的开展

1935 年 10 月 22 日，红军长征到达陕北不久，中共中央在吴起镇召开政治局会议，决定撤销原全国总工会苏区中央执行局，建立全国总工会西北执行局，刘少奇任委员长，负责领导陕北苏区和附近国民党统治区的工人运动，同时继续保留全国总工会的名义。

为开展西北革命根据地的工会工作、动员和组织工人参加根据地的建设、准备迎接全面抗日战争，从 1935 年 11 月至 1937 年 6 月，中共中央和全国总工会西北执行局等党和工会的领导机关，先后作出许多重要决定和指示，如中共中央《关于陕甘宁苏区工会工作的决定》、《在苏维埃政权下工会的作用和任务》等。这些重要指示，吸取过去苏区工人运动的历史经验和教训，结合陕北根据地工人的具体情况和面临的任务，指导各级工会和广大工人群众在恢复发展根据地生产、支援红军和准备抗日战争等方面开展了大量的工作。

四、国民党统治区的工人抗日救亡运动

1935 年 2 月，中国劳动协会成立，扮演了国民党统治区工会的全国联合组织的角色。1935 年 5 月，日本帝国主义发动了图谋灭亡全中国的华北事变。此后，中日矛盾上升为主要矛盾，随着中国共产党在国民党统治区正确方针政策的贯彻，国民党统治区工人运动开始走出低谷，在全国掀起工人抗日救亡民主运动的高潮。

随着全国抗日救亡民主运动的高涨，国民党统治区工人为维护自身利益而进行的经济斗争，逐渐与各阶层人民的抗日民主运动汇合起来，并成为其中一个重要组成部分。1936 年 11 月，在中国共产党领导的工会组织主导下，上海全市 30 家日本

纱厂4万余名工人举行罢工，迫使日本资本家部分接受罢工条件。与此同时，青岛9家日本纱厂2.4万余名工人举行反日大罢工并取得胜利。全面抗日战争爆发前两次罢工的胜利，打破了大革命失败后国民党统治区工人运动的沉闷局面，对工人运动的恢复和发展具有积极的推动作用。

第三节　全面抗日战争时期的工人运动

1937年抗日战争全面爆发后，国民党当局采取的仍然是一条片面抗战的路线，处处限制人民的参战活动，公然提出“抗战与民主不能共存”，强调“抗战时期不能改善民生”，并限制人民力量的发展。与国民党的片面抗战路线不同，中国共产党主张实行全面的、全民族的抗战，充分利用抗日民族统一战线的形式，利用一切合法的可能条件，独立自主地发动和组织工人群众，开展抗日救亡运动，努力争取抗战的胜利。

一、抗战初期的工人爱国救亡运动

全面抗日战争爆发后，全国工人阶级纷纷组织起来，成立各种工人抗日救亡团体，捐款捐物、支援前线，掀起抗日救亡热潮。1937年7月7日卢沟桥事变后，长辛店工人立即组织战地服务团奔赴前线支援抗战。7月20日，上海海员工会等30余个海员工人团体成立抗敌后援会。日寇进攻上海后，工人群众纷纷主动要求参战，建立工人战时服务队，协助军队构筑工事，捣毁日寇工厂、码头和仓库。11月5日，天津召开工人救国团成立大会，发表《告工人书》。湖南、南昌、陕西、福建等地都成立了各种形式的抗日救国团体。在重要工业地区，广大工人协助将部分工业设备抢运到大后方。整个工厂内迁工作持续到1940年才基本结束，总计内迁的民营工厂448家，机器设备等物资12万吨，随行技工1.2万余人。1938年2月，刘少奇发表《工会工作大纲》，论述了工人阶级在抗战中的地位和作用，明确了在不同地区发展工会组织的形式和工作任务等问题。

日本帝国主义对中国的疯狂进攻，激起广大海外侨工的民族义愤。他们纷纷行动起来，加入挽救民族危亡的斗争中，表现出高度的爱国热忱和牺牲精神。荷兰阿姆斯特丹的华侨海员从1937年10月起，将每周收入的20%捐出用于抗战；泰国华工开展“救亡箱运动”；中国香港九龙各业小贩踊跃参加义卖活动；华侨工人还捐赠大批军用品和救济物资。此外，海外华侨纷纷回国奔赴抗日前线。1938年广州沦陷后，以香港海员工人为主的“海员游击队”由开始的几十人迅速增加至上千人，成为中国共产党领导下的一支著名地方抗日武装。中国工人在抗战中不再是受苦受难的劳工形象，他们高唱战歌，冒着敌人的炮火，奋勇投入抗日救亡的战斗中。

二、陕甘宁边区总工会的成立

1937年9月，原陕甘宁革命根据地的苏维埃政府，正式改称陕甘宁边区政府（11月至翌年1月曾称为陕甘宁特区政府）。在此期间，工会组织也进行了相应的组织变动。6月19日，全国总工会西北执行局召开边区干部联席会议，会后成立了陕甘宁边区总工会临时委员会，主任由全国总工会西北执行局主任刘长胜兼任。12月9日，陕甘宁边区总工会临时委员会发布《致全国工友书》，号召全国工人应立即动员起来、组织起来、武装起来，参加前线和后方的抗战工作。

1938年4月17日至23日，陕甘宁边区工人第一次代表大会在延安召开。出席代表226名，来宾300余人。会议期间，毛泽东就抗日民族统一战线问题发表讲话。大会通过了《陕甘宁边区总工会章程》等文件，确定了边区职工运动的总方针，选举毛齐华等37人为执行委员会委员，宣告陕甘宁边区总工会正式成立，标志着陕甘宁边区工人有了统一的组织。在边区总工会的领导下，边区工人运动进入一个崭新的历史阶段。

三、抗日相持阶段国统区和沦陷区的工人运动

1938年10月，武汉沦陷后，抗战开始进入相持阶段。国民党开始推行消极抗日、积极反共的政策，加强对工人运动的控制，剥夺工人抗日救国的一切自由。中国共产党相应调整国统区工运方针，在“有理、有利、有节”的斗争原则下，利用国民党一切可以利用的法律、命令和社会习惯所许可的范围，通过合法的组织、合法的程序、合法的渠道，争取工人阶级的政治经济权益，稳扎稳打地进行斗争和积蓄力量。工人运动的组织形式和工作方式，也尽可能地分散隐蔽，利用合法名义深入基层，以各种职业为掩护，把工人群众团结和组织起来。

中国共产党号召全党把教育和组织大城市中的工人作为中心任务，及时把抗战初期轰轰烈烈的工作方式，转变为相持阶段的隐蔽深入和埋头苦干的方式。针对日寇在沦陷区实行疯狂的法西斯统治的实际情况，中共中央先后发出指示，明确沦陷区党的地下工作和工运斗争应坚持“荫蔽精干、长期埋伏、积蓄力量、以待时机”的十六字方针。在党的正确工运方针的指导下，沦陷区的工人运动，采取了更加灵活的斗争方式。对形形色色的汉奸工会，根据不同情况采取不同对策，有的直接抵制，有的劝谕工人加入以便加以利用，有的则由地下党员夺取领导权，使其为抗日服务。工人在进行反日斗争的同时，还进行改善生活条件、争取民主权利的斗争。虽然极其艰难，但是沦陷区工人运动仍然开展得机动灵活、卓有成效，从经济上和政治上都给了敌人沉重的打击，牵制了敌人的力量，有效地支援了抗日事业。

四、抗日相持阶段根据地的工人运动

1938年10月以后，日本帝国主义逐步将主要军事力量转向中国共产党领导下的抗日根据地，实行灭绝人性的“三光”（烧光、杀光、抢光）政策。另外，国民党不断包围封锁陕甘宁边区及各抗日根据地，停发八路军、新四军经费，加之华北等地连年遭受自然灾荒，致使整个抗日根据地财政经济发生极大困难，军队供给濒临断绝，陷入没粮吃、没衣穿、没被盖、没经费的困境。为战胜困难、坚持抗战，1939年2月，中共中央在延安召开生产动员大会，毛泽东提出“自己动手”的口号。1941年，为克服经济上的严重困难，中共中央再次强调必须走生产自救的道路，号召军民开展大生产运动。1941年3月，陕甘宁边区总工会颁布《关于迎接“五一”生产大竞赛的各项办法》和《奖励模范劳动者的办法》，在陕甘宁边区广大职工中积极开展生产劳动大竞赛，出版《“五一”生产大竞赛特辑》用于宣传各工厂生产竞赛的经验。1941年4月25日，陕甘宁边区总工会在延安举行“五一”生产大竞赛总结大会。

1939年4月，中共中央在延安成立中央职工运动委员会，以加强对工人运动的领导，指导推动各根据地工会组织健康发展，康生任书记（后为邓发），张浩任副书记。中共中央职工运动委员会成立后，组织成立延安工人学校，为开展工人运动和发展边区工业生产培养工人干部。1940年2月，恢复创办了《中国工人》月刊，毛泽东亲自撰写发刊词。

从1942年下半年开始，中共中央职工运动委员会、陕甘宁边区总工会组织陕甘宁边区及各抗日根据地公营工厂普遍开展“赵占魁运动”。赵占魁运动从陕甘宁边区开始，迅速推展到了晋绥、太行、太岳、晋察冀等各个抗日根据地，各地都树立起了一批赵占魁式的模范人物，培养出一大批有高度觉悟的新型工人。这场广泛的群众性的运动，对于提高工人政治觉悟、发展边区经济、改善群众生活、打破经济封锁、支援抗日战争发挥了重要作用。1943 年 11 月 26 日至 12 月 16 日，陕甘宁边区第一届劳动英雄与模范生产工作者代表大会在延安召开。其间，毛泽东作了《组织起来》的重要讲话，中共中央专门为劳动英雄举行招待会。

在党中央和中共中央职工运动委员会的领导下，根据地工会广泛动员和组织工人参军参战、打击日伪军，坚决抗战、反对投降；组织工人努力生产，发展边区经济，支援前线；妥善处理劳资关系，改善群众生活，得到广大群众的拥护支持。

五、工人阶级为抗战最后胜利而斗争

抗日战争后期，抗日民主根据地工会积极行动起来，发展边区工业，开展生产运动和评、树、奖励劳动模范活动，动员组织工人群众参军、参战，为夺取抗战最后胜利贡献力量。1944 年 6 月 5 日，中共中央发出《关于城市工作的指示》，向全党全军提出加强大城市和交通要道的工作、准备群众武装起义的任务。1945 年 2 月 1 日，中共中央发出《关于成立中国解放区职工联合会的指示》。同年 4 月 22 日，中国解放区职工联合会筹备会在延安成立，邓发为主任。

1945 年 4 月 23 日至 6 月 11 日，中国共产党在延安召开第七次全国代表大会。大会制定了“放手发动群众，壮大人民力量，在党的领导下，打败日本侵略者，解放全国人民，建立一个新民主主义的中国”的政治路线，指出在最后打败日本侵略者的斗争中，特别是在收复大城市和交通要道的斗争中，中国工人阶级将起重大作用，并根据不同地区的特点，规定了中国工人运动的具体策略和任务。

第四节　解放战争时期的工人运动

解放战争时期是中国新民主主义革命的命运决战和实现全国解放的重要时期，也是中国工人运动不断成熟、最后走向胜利的重要时期。在这个时期，解放区和国民党统治区的工人群众，在中国共产党的坚强领导下，从各自不同的地位、环境和条件出发，开展了各种形式的斗争，为配合、援助人民解放战争，夺取革命在全国的胜利，作出了巨大贡献。

一、解放区工会代表参加世界工联大会

第二次世界大战期间，各国工人阶级在共同反抗德、意、日法西斯主义的斗争中，打破了赤色职工国际和黄色职工国际等界限，产生了广泛团结各国工人和工会、建立国际联合组织的愿望。1945 年 9 月 25 日至 10 月 3 日，世界工会第二次代表大会在巴黎召开，宣告世界工会联合会正式成立，中国劳动协会负责人朱学范当选世界工会联合会副主席兼执行委员会委员，中国解放区职工联合会筹备会主任邓发当选世界工会联合会执行委员会候补委员兼理事会理事。10 月 4 日，在世界工联第一届代表大会上，邓发代表中国工会提出争取和平民主、反对独裁内战，争取工人权利、改变工人地位，促进工人运动团结统一等 8 项主张，表达了中国工人阶级争取工会权利、团结一致要求进步的坚定意志，得到各国工会代表的热烈赞扬和支持。

解放区工会通过参加世界工会联合大会，恢复了中国共产党同世界工会的联系，扩大了中国工人阶级斗争在世界范围的影响，进一步把中国工人运动同世界工人运动联系起来，同时也壮大了世界工人运动的力量。解放区工会和中国劳动协会这次成功的合作，奠定了中国工会组织团结统一的基础。

二、国民党统治区的工人运动

1946 年 1 月，正值国共两党政治协商会议即将闭幕之际，国民党统治区掀起反内战、争民主运动。中国共产党进一步加强对国统区工人运动的领导，国统区的党组织成立领导工人运动的专门机构，认真贯彻党的工运方针，广泛团结工人群众，建立革命工会和工人组织，开展工人斗争。党中央还明确国统区工人运动的基本方针，即充分利用公开合法条件，采取灵活多样的形式，发展进步力量，团结工人群众，开展经济斗争和政治斗争，并采用公开工作与秘密工作相结合原则，开辟“第二条战线”。

中国劳动协会在中国共产党关于中国工人运动 8 项主张的基础上，发表《中国劳动协会二十三条政治主张》，受到广大工人的热烈支持。“二十三条政治主张”的发表，在国民党统治区引起相当大的反响，对争取民主运动是一个有力的促进，对国民党独裁统治是一个沉重的打击。由于国民党当局坚持独裁、内战、卖国政策，加紧掠夺和搜刮民脂民膏，工人群众与国民党当局展开了要求就业、失业救济和要求增加工资改善生活待遇的斗争。在中国共产党的领导下，国统区工人积极参加抗议美军暴行和“抵制美货”运动。1947 年 2 月开始，上海和国民党统治区各地工人群众普遍掀起反对冻结生活费指数和“反饥饿、反内战、反迫害”运动，要求增加工资的斗争。这些斗争争取了人心，构成第二条战线的重要组成部分，对瓦解国民党的反动统治起到重要作用。1948 年底，人民解放战争转入主力决战和夺取全国胜利的阶段后，国民党统治区的工人阶级，积极响应中国共产党的号召，迎接人民解放军，尽力保护工矿企业，阻碍和防止国民党反动派的破坏，并在人民解放军到达之后，立刻恢复生产、恢复城市生活秩序，实现中国共产党对城市的完整接收和管理。

三、解放区的工人运动

抗日战争胜利后，在中共中央的正确领导下，解放区各级工会迅速扩建，会员人数空前增多，广大职工积极恢复和发展生产、保卫抗战胜利果实，解放区的工人运动呈现出蓬勃发展的新气象。1946 年 6 月，国民党悍然发动全面内战。为从人力和物力上支援自卫战争，各解放区工会动员全体工人紧急行动起来，响应党的号召，积极生产、武装自卫，巩固后方、支援前线。

1947 年 2 月 7 日，《解放日报》发表题为《中国工人阶级今天的任务》的社论，号召解放区工人开展“新英雄主义的竞赛”，为多造武器弹药而斗争。各解放区工会根据中共中央提出的迎接中国革命新高潮的战略方针和《解放日报》二七社论的号召，动员和组织广大工人群众，开展了轰轰烈烈的增产立功运动，调动广大工人群众的劳动积极性，激发他们的政治热情，为解放区由战略防御到战略进攻作好了物质准备。

在发展经济方面，解放区工会组织逐步形成“发展生产、繁荣经济、公私兼顾、劳资两利”的劳动政策，作为解放区工会工作的指导方针，动员职工参加恢复生产和发展工业建设，开展职工政治技术文化教育，保护职工利益，开展群众性生产运动，组织劳动竞赛，巩固后方、支援前线，直接促进了群众保卫和建设解放区，促进了全国工人运动的团结和统一。

四、恢复重建中华全国总工会

随着人民解放军战略进攻胜利推进，工会组织在革命形势迅猛发展的时刻接受了新的任务和要求，工人阶级要在全民族统一战线中起领导作用，工会组织的统一成为当务之急。1948 年 2 月 28 日，中国劳动协会理事长朱学范到达哈尔滨后，建议由中国解放区职工联合会筹备委员会、中国劳动协会和各地工会共同发起召开第六次全国劳动大会，标志着中国工人运动的统一战线取得了历史性的重大胜利。1948 年 3 月 5 日，中共中央工作委员会发出召开解放区工会代表大会，准备成立解放区统一的工会联合会的通知，得到各地工会组织和工人群众的热烈响应。

1948 年 8 月 1 日至 22 日，第六次全国劳动大会在东北解放区首府哈尔滨召开，会议决定恢复具有光荣革命传统的中华全国总工会，中国劳动协会宣布以团体会员的资格加入中华全国总工会。陈云、李立三、朱学范在大会上分别作了《当前中国职工运动的总任务》、《关于〈中华全国总工会章程（草案）〉的报告》、《关于国民党统治区职工运动的报告》。大会总结了新民主主义革命时期白区和革命根据地工人运动的经验，为动员和组织夺取全国胜利的工人运动确定了正确的方针和政策，讨论并通过《关于中国职工运动当前任务的决议》和新的《中华全国总工会章程》，选举产生第六届执委会。10 月，在哈尔滨召开全国总工会第六届执委会第一次全体会议，陈云当选全国总工会主席，李立三、朱学范、刘宁一为副主席，并决定由李立三主持全国总工会的日常工作。

中华全国总工会的恢复重建，在新民主主义革命时期中国工人运动史上具有划时代的意义，标志着大革命失败后被国民党反动派破坏的革命工会，重新实现了全国工人阶级的大团结和全国工人运动在组织上的统一，对充分发挥工人阶级的先锋作用、夺取新民主主义革命的彻底胜利，迎接新中国的诞生和担负起新中国的建设任务，具有非常重要的意义。第六次全国劳动大会贯彻执行党的“发展生产、繁荣经济、公私兼顾、劳资两利”的新民主主义经济建设总方针，奠定了新中国工人运动的基础，成为新中国成立后工人运动和工会运动的新起点。

从1948年9月起，人民解放军先后发动辽沈、淮海、平津三大战役，并取得伟大胜利。中华全国总工会根据中央指示，先后两次南迁，由哈尔滨迁至沈阳，再由沈阳迁至北平，1949年3月在北平府前街1号正式办公。

五、召开全国工会工作会议

1949年3月5日，中共七届二中全会召开，明确提出全心全意依靠工人阶级的方针。为贯彻落实中共七届二中全会确定的关于全心全意依靠工人阶级、恢复发展生产的城市工作方针，5月2日至11日，全国总工会在天津召开华北第一届职工代表会议，提出将战时工业转化为平时工业的途径和方法，对国营企业的生产计划、工厂民主化管理、工资待遇和工会组织等问题提出指导性意见。

为进一步贯彻中共七届二中全会以及第六次全国劳动大会精神，统一解决各地工会工作特别是工会组织中存在的问题，有计划、有步骤和大规模地把全国工人阶级组织起来，使其成为建设新民主主义国家及恢复与发展生产的可靠基石，1949年7月23日至8月16日，全国总工会在北平召开全国工会工作会议。党中央十分重视这次会议，毛泽东、周恩来、朱德等领导人都到会发表重要讲话。毛泽东在讲话中，进一步阐明了在工会组织建设中团结大多数的思想，提出了党政工共同搞好生产的根本任务，成为当时和新中国工会的指导方针。会议着重讨论和解决工会组织问题、劳资关系问题，通过了《关于会员问题的决定（草案）》、《关于工会组织系统问题的决定（草案）》、《关于劳资关系暂行处理办法》等。会议还提出用一年左右基本上把全国工人阶级组织起来，健全工会的民主生活，开展大家办工会的运动。

全国工会工作会议是在中国革命和中国社会历史的伟大转

变关头，继第六次全国劳动大会以来，在中共中央领导下召开的集中讨论工会工作问题的一次重要会议，对于中国工人运动具有重大的历史转折意义。

新民主主义革命时期的工人运动，是在中国工人阶级自己的政党——中国共产党诞生以后，并在党的直接领导下，沿着胜利的道路发展壮大起来的。中国工人运动由此进入有意识、有组织的经济斗争和政治斗争的新阶段，融入中国反帝反封建的新民主主义革命的洪流之中。中国工会始终把自觉接受党的领导作为根本政治原则，坚决拥护和支持中国共产党领导制定的路线方针政策，在党的领导下创造性开展工作，以团结全国职工、保护职工利益，争取中国工人阶级的解放，联合全国一切被压迫人民争取中国人民的解放、联合全世界工人为保卫世界和平与民主而奋斗为宗旨，发动工人群众投身大革命、土地革命战争、抗日战争、解放战争，参与革命根据地和解放区政权建设和经济建设，动员工人群众参加大生产运动和新劳动者运动，组织工人群众在沦陷区和国统区掀起工人运动高潮，开展争取生存权利的斗争，沉重打击了帝国主义、封建主义、官僚资本主义的统治，为新民主主义革命的胜利、实现民族独立和人民解放作出了重大历史贡献。中国工人阶级作为革命的中坚力量，在中国共产党的领导下，在中华全国总工会的组织动员下，始终站在斗争的最前列，在完成新民主主义革命、实现国家独立和人民解放的进程中，用鲜血和生命谱写了可歌可泣的历史篇章，彰显了工人阶级的革命性、先进性、组织性和斗争性，用事实证明工人阶级是中国共产党最坚实最可靠的阶级基础。

思考题：

1. 中华全国总工会成立的重大历史意义是什么？

2. 大革命时期党领导工人运动的经验和教训有哪些?

3. 抗日战争时期根据地工会工作取得哪些成功经验?

4. 解放战争时期工人运动是如何发展的?

5. 新民主主义革命时期党领导工人运动的主要特点是什么?

大事记

1921 年

7 月 23 日至 8 月初，中国共产党第一次全国代表大会在上海和浙江嘉兴召开，宣告中国共产党成立。

8 月 11 日，中国共产党成立第一个公开领导工人运动的总机关——中国劳动组合书记部。

1922 年

1 月 12 日至 3 月 8 日，香港海员大罢工。

5 月 1 日至 6 日，第一次全国劳动大会在广州召开。

7 月，中国共产党第二次全国代表大会在上海召开。

8 月，中国劳动组合书记部发布《劳动法案大纲》。

9 月，毛泽东、李立三、刘少奇等组织领导安源路矿工人举行罢工。

10 月 23 日，开滦煤矿工人举行罢工。

1923 年

2 月 4 日，京汉铁路工人举行总同盟罢工。

2 月 7 日，反动军阀对京汉铁路工人进行血腥镇压，制造了震惊中外的二七惨案。

6 月 12 日至 20 日，中国共产党第三次全国代表大会在广州召开。

1924 年

2 月 7 日，中华全国铁路总工会在北京成立。

7 月 15 日，广州沙面工人举行罢工并取得胜利。

10 月，《中国工人》在上海创刊。

1925 年

1 月 11 日至 22 日，中国共产党第四次全国代表大会在上海召开。

2 月至 4 月，上海、青岛日商纱厂工人举行罢工。

5 月 1 日至 7 日，第二次全国劳动大会在广州召开，中华全国总工会成立。

5 月 30 日，英帝国主义血腥镇压上海工人、学生，造成震惊中外的五卅惨案。

6 月，广州、香港爆发省港大罢工。

1926 年

5 月 1 日至 12 日，第三次全国劳动大会在广州召开。

7 月 9 日，国民革命军在广州誓师北伐。

7 月 25 日，中华全国总工会发表《对国民政府出师北伐宣言》。

10 月 23 日，中共上海区委领导上海工人进行第一次武装起义。

12 月，湖北开办工人运动讲习所。

1927 年

1 月 3 日，中华全国总工会决定全国总工会机关迁至武汉。

2 月 11 日，中华全国总工会在汉口歆生路义成里原华扬旅馆正式对外公开。同时，撤销汉口办事处。

2 月 20 日，中华全国总工会通过《全国工人阶级目前行动总纲》。

2月22日，中共上海区委领导上海工人进行第二次武装起义。

3月21日，陈独秀、罗亦农、赵世炎、周恩来等领导上海工人进行第三次武装起义并取得胜利。22日，成立上海特别市临时市政府。

4月12日，蒋介石在上海发动反革命政变。

4月27日至5月9日，中国共产党第五次全国代表大会在武汉召开。

6月19日至28日，第四次全国劳动大会在汉口召开。

7月15日，汪精卫发动反革命政变。

9月9日，毛泽东领导发动湘赣边界秋收起义。

1928年

2月8日至12日，中华全国总工会在上海召开第四次全国劳动大会第一次执委扩大会议。

6月18日至7月11日，中国共产党第六次全国代表大会在莫斯科召开。

1929年

2月17日至20日，中华全国总工会在上海召开第四次全国劳动大会第二次执委扩大会议。

5月30日，上海各区工人和革命群众3000余人举行集会和示威游行。

11月7日至11日，第五次全国劳动大会在上海召开。

1930年

5月，全国苏维埃区域代表大会在上海召开，通过《劳动保护法》等文件。

10月，中华全国总工会召开常委扩大会议，决定建立全国总工会执行局。

12月，中华全国总工会规定，苏区工会要组织产业工会、雇农工会、苦力工会、运输工会、店员工会、手工业工会6种与地方总工会并行的产业总工会系统。

1931年

3月，全国总工会苏区执行局在江西省吉安县富田镇正式成立。

7月，全国总工会苏区执行局迁至中华苏维埃共和国临时中央政府所在地瑞金。

秋，刘少奇担任中共临时中央职工部部长、中华全国总工会组织部部长。

11月，中华苏维埃第一次全国代表大会颁布《中华苏维埃共和国劳动法》。

12月20日，中华苏维埃共和国中央执行委员会通过《关于实施劳动法的决议案》。

1932年

5月5日，全国总工会苏区执行局发起建立苏区反帝总同盟筹备委员会。

6月23日，苏区反帝总同盟第一次代表大会在瑞金召开。

9月，中华全国总工会常委会通过《为工会会员问题给苏区工会的信》。

1933年

年初，中华全国总工会迁入中央苏区瑞金，撤销原全国总工会苏区执行局，改设全国总工会苏区中央执行局。

10月15日，中华苏维埃共和国临时中央政府公布修正后的《中华苏维埃共和国劳动法》。

1934年

1月，中国共产党六届五中全会召开，通过《关于白色区域中经济斗争与工会工作的决议》。

自5月开始，为保障红军作战，中央苏区各国营工厂和私营作坊开始加班加点进行生产。

10月中旬，中央红军主力开始长征。

1935年

1月15日至17日，中共中央在遵义召开政治局扩大会议。

10月22日，中共中央政治局在陕甘宁革命根据地吴起镇召开会议，决定建立全国总工会西北执行局。

12月18日，中华全国总工会发出《为援助北平学生救国运动告工人书》。

1936年

2月，陕北省总工会在瓦窑堡正式成立，接着成立陕甘省总工会。

11月8日至27日，上海日商纱厂工人举行罢工。

11月17日至12月14日，青岛日商纱厂工人举行罢工。

1937年

3月，全国总工会西北执行局通过《关于改善目前工会工作的决议》。

6月19日，全国总工会西北执行局召开边区干部会议，宣布建立陕甘宁边区总工会筹备委员会。

7月7日，日本侵略军发动卢沟桥事变，中国的抗日战争全面爆发。

8月12日，中国共产党发出《中央关于抗战中地方工作的原则指示》。

10月17日，中国共产党在党内发布《关于开展全国救亡运动的指示》。

1938 年

3 月初，中国共产党推动成立中国工人抗敌总会筹备委员会。

4 月 17 日，陕甘宁边区总工会筹备委员会在延安召开第一次代表大会，正式建立陕甘宁边区总工会。

10 月，中共中央决定筹备建立中央职工运动委员会。

1939 年

3 月，中国共产党为培养工会干部创办的第一所工会干部学校——延安工人学校成立。

4 月 12 日，中共中央作出《关于开展职工运动与“五一”工作的决定》。

4 月 19 日，中共中央职工运动委员会在延安正式成立。

5 月，中共中央明确沦陷区地下党斗争要坚持“荫蔽精干、长期埋伏、积蓄力量、以待时机”十六字方针。

1940 年

2 月，中共中央职工运动委员会恢复创办《中国工人》月刊。

12 月 3 日，中共中央下达《关于各抗日根据地劳动政策的初步指示》。

1941 年

1 月，陕甘宁边区总工会发出《工会工作方向》、《组织工作方向》和《文教工作方向》三个重要文件。

3 月 20 日，中共中央发布《劳动政策提纲（草案）》。

3 月，陕甘宁边区总工会颁布《关于迎接“五一”生产大竞赛的各项办法》和《奖励模范劳动者的办法》。

4 月 4 日，中共中央城市工作委员会下达《关于敌后大城市的群众工作指示》。

1942年

4月21日，中共中央发布《关于五一节的指示》。

4月24日，中共中央发出《对晋东南抗日根据地职工运动的指示》。

5月5日至9日，陕甘宁边区总工会召开边区公营工厂工会干部会议。

9月11日，《解放日报》发表题为《向模范工人赵占魁学习》的社论。

10月，陕甘宁边区总工会发出《关于开展赵占魁运动的通知》。

从下半年开始，陕甘宁边区及各抗日根据地的公营工厂中普遍开展“赵占魁运动”。

1943年

3月至4月，陕甘宁边区政府召开直属公营工厂厂长、支部书记和工会主任会议。

5月1日，中共中央作出《关于目前各抗日根据地职工运动的决定》。

11月26日至12月16日，陕甘宁边区第一届劳动英雄与模范生产工作者代表大会在延安召开。

1944年

5月，陕甘宁边区总工会召开职工代表大会。

12月22日，陕甘宁边区第二届劳动英雄与模范生产工作者代表大会在延安开幕。

1945年

2月1日，中共中央发出《关于成立中国解放区职工联合会的指示》。

2 月 7 日，《解放日报》发表题为《为独立与民主而战，准备成立中国解放区职工联合会》的社论。

4 月 22 日，中国解放区职工联合会筹备会在延安成立。

4 月 23 日至 6 月 11 日，中国共产党第七次全国代表大会在延安举行。

8 月 15 日，日本宣布无条件投降。

9 月 9 日，中国战区受降仪式在南京举行，中国人民的抗日战争取得最后胜利。

9 月，解放区职工联合会筹备会制定《中国解放区职工联合会纲领（草案）》。

10 月，世界工会联合会成立，中国解放区职工联合会筹备会主任邓发当选世界工联执行委员会候补委员、理事会理事。

1946 年

4 月 30 日，《解放日报》发表题为《解放区职工运动的任务》的社论。

6 月，国民党发起全面内战，解放战争爆发。

1947 年

2 月 7 日，《解放日报》发表题为《中国工人阶级今天的任务》的社论。

2 月，晋冀鲁豫边区职工号召，开展一个全面改造、全面提高的大生产运动。

12 月 12 日，中共中央在陕北米脂县杨家沟村召开政治局会议，毛泽东作《目前形势和我们的任务》报告。

1948 年

2 月 7 日，新华社根据中共中央指示精神发表题为《坚持职工运动的正确路线，反对“左”倾冒险主义》的社论。

3月5日，中共中央工作委员会发出《关于召开全国各解放区工会代表大会给全国各地的指示》。

3月，中共中央东北局在哈尔滨召开东北职工工作会议。

4月30日，中共中央发布《纪念“五一”劳动节口号》。

5月至6月，华北解放区工商业会议在石家庄召开。

8月1日至22日，第六次全国劳动大会在哈尔滨召开。

10月，全国总工会第六届执委会第一次全体会议在哈尔滨召开。

1949年

2月，全国总工会迁到北平。

3月5日至13日，中国共产党在河北省平山县西柏坡村召开了七届二中全会。

5月，华北第一届职工代表会议在天津召开。

6月30日，毛泽东发表《论人民民主专政》一文。

6月，全国总工会在北平召开常委扩大会议。

7月15日，全国总工会在北平创办《工人日报》。

7月23日至8月16日，全国工会工作会议在北平举行。

9月21日至30日，中国人民政治协商会议第一届全体会议在北平举行。

9月，华北职工干部学校改建为中华全国总工会干部学校。

第二章　社会主义革命和建设时期的工人运动

1949年新中国成立后，中国工人阶级由过去的被压迫被剥削阶级变成新政权的主人、新中国的领导阶级和社会主义革命与建设的主力军，中国工会的主要任务转变为团结教育吸引广大工人群众为建设新中国而奋斗。党领导制定有关法律、制度、政策等，确立保障工人阶级和工会组织在国家政治、经济和社会生活中的地位。新中国成立初期，党中央向全党和全国人民提出了为实现国家的工业化和逐步过渡到社会主义社会而奋斗的新的历史任务，要求工会充分发挥广大工人群众的积极性和创造性，为完成和超额完成国家的经济计划而奋斗，为提高劳动生产率、提高产品质量、严格节约和降低产品成本而奋斗，并领导制定了工人运动和工会工作新方针，指明了工运事业前进发展的方向。

在基本完成社会主义改造，确立社会主义制度后，党中央要求各级党组织加强对工会工作的领导，使工会真正成为广大职工群众的共产主义学校，并且通过工会而使党和自己的阶级密切地联系起来；要求一切工会工作的干部都应该在生活上同群众打成一片，把自己锻炼成坚强的干部。在组织领导体制上，根据中央的意见，工会确定了“产业和地区相结合的原则”、“实行同级党组织和上级工会双重领导，以同级党组织领导为主”的组织领导原则，逐步建立起与新中国国体、政体和经济管理体制与运行方式相适应的工会组织领导体制和运行机制，对我国工运事业和工会工作产生了深远影响。这一时期，工会虽然遭受了“左”倾错误的冲击，但在党中央的领导下，刘少奇、邓小平、彭真、杨尚昆、薄一波等多次与全国总工会或地方总工会负责人研究工会工作，针对出现的问题发出指示、给予指导，工会工作在艰难中也得到一定程度的恢复和加强。粉碎“四人帮”后，党中央提出要加强党对工会的领导，把工会组织整顿好、建设好，充分发挥工会应有的作用，激发了广大工会干部和职工群众为实现“四化”贡献力量的高昂热情。

第一节　新中国成立和社会主义制度建立时期的工人运动

1949 年 10 月 1 日，中华人民共和国宣告成立，从此揭开了中国历史的新篇章。中国社会和中国工人运动由此进入一个从新民主主义向社会主义转变的崭新的历史发展阶段。在中国共产党的领导下，工人阶级为恢复国民经济和巩固新生政权而努力奋斗，铸就了辉煌，创造了新中国工人运动的良好开端。

一、新中国成立初期的工人运动

（一）确立工运方针政策

党的七届二中全会明确提出迅速取得全国革命胜利的各项方针，作出党的工作重心将由乡村转入城市的战略决策；规定党在城市中必须把恢复和发展生产作为中心任务，必须把全心全意依靠工人阶级作为指导一切工作的总方针。中华人民共和国成立后，新民主主义革命逐步转变为社会主义革命。为实现国家工业化和巩固人民民主政权，党中央和全国总工会确定了新中国工人运动的方针，即在政治上必须坚决支持、拥护和捍卫各级人民政权；在经济上应坚决贯彻和执行“发展生产、繁荣经济、公私兼顾、劳资两利”的总方针。新中国工会工作方针充分体现了转折时期的特点，它既要考虑彻底完成民主革命遗留的任务，更要依据新中国成立后形势任务的巨大变化而不断修正、深化和发展，使之符合客观实际，发挥指导作用。在这一工会工作方针和政策的指导下，工会组织迅速发展壮大，工会工作呈现出生机勃勃的景象。

（二）中国工人阶级成为人民政权坚强有力的支撑

1950 年 6 月 25 日，朝鲜内战爆发。10 月，中国政府应朝鲜劳动党和政府的请求，作出抗美援朝、保家卫国的战略决策，中国人民志愿军赴朝作战，拉开了抗美援朝战争的序幕。11 月 6 日，全国总工会发表宣言，号召全国工人阶级开展抗美援朝、保家卫国运动。数以万计的中国铁路工人、电讯工人、汽车司机、建筑工人和医务人员等，告别家园，跨过鸭绿江，奔赴朝鲜战场。在中朝军队的大后方，工人阶级开展了爱国增产运动，车间成了另一个战场，生产就是不流血的战斗。工人群众还制定“爱国公约”，积极献工、献金、献物，甚至捐献飞机、大炮，有力地支援了抗美援朝战争。

从 1950 年冬到 1953 年春，在占全国人口一多半的新解放区农村，党领导农民开展了土地改革运动。各级工会组织派遣大批干部奔赴农村，同农民一道开展反封建斗争，同时在职工中进行有关土改政策、法令的宣传教育，号召工人积极支持和帮助农民进行消灭封建土地所有制的土地改革运动。土改运动既使工人群众受到深刻的反封建教育，又进一步巩固了工农联盟。

1951 年 2 月，中央人民政府在全国范围内掀起镇压反革命运动。全国各级工会发动广大职工，揭发、检举、控诉反革命分子的罪行。到 1952 年，镇压反革命运动取得重大胜利，基本上肃清了残留的反革命分子。1951 年底和 1952 年初，全国开展了大规模的“三反”、“五反”运动，各地工会抽调大批干部、工人、店员积极分子，组成工作队，发动职工检举、揭发不法资本家的“五毒”行为，与国家机关中的腐化蜕变分子进行坚决斗争，为此后对私营工商业进行社会主义改造创造了条件。工人阶级也在这场斗争中受到深刻的阶级斗争教育，增强了拒腐蚀的能力，工会组织在这场斗争中得到纯洁和发展。

（三）工人阶级成为国民经济恢复和各项建设中的主力军

为恢复、发展国民经济，在中国共产党的领导下，工会组织带领职工发挥创造性，开展献纳器材和创造新纪录运动。工人群众高昂的生产积极性，创造了许多生产纪录，陆续涌现出沈阳机床三厂车工赵国有、沈阳第五机器厂的马恒昌小组、铁路系统的李永率领的“毛泽东号”机车组，煤炭工业战线的刘九学采煤队，冶金系统龙烟铁矿的马万水掘进队，纺织系统的郝建秀小组、裔式娟小组等先进模范个人和集体。

为表彰在中国革命战争中涌现出来的战斗英雄和工农兵工作模范，激励全军发扬革命英雄主义精神，加强人民解放军现代化建设，鼓励全国人民发展生产、繁荣经济，建设新中国的伟大事业，1950 年 7 月 21 日，中央人民政府政务院第 42 次会议通过表彰决定，于 9 月 25 日同时召开新中国第一次全国战斗英雄代表会议与全国工农兵劳动模范代表会议。两个会议联合举行开幕式，毛泽东代表党中央致贺词，陈云致开幕词，朱德致演说词，刘少奇、周恩来等在会议上发表讲话。毛泽东在贺词中称赞英雄模范是“全中华民族的模范人物，是推动各方面人民事业胜利前进的骨干，是人民政府的可靠支柱和人民政府联系广大群众的桥梁”。会议第七天是国庆纪念日，代表们受邀参加新中国成立一周年庆祝活动，在天安门观礼台观看盛大的阅兵式。时至今日，每到国庆阅兵，天安门观礼台上总会出现劳模代表的身影，体现了党和国家对劳动模范的重视。新中国成立后，首次全国劳模代表大会为我国评选和表彰劳动模范提供了极为重要的样板，产生了极为深远的历史影响。

二、颁布《工会法》和《劳动保险条例》

1950 年 6 月 29 日，毛泽东发布中央人民政府命令，公布《工会法》，这是新中国成立后颁布的第二部法律，也是新中国成立后国家颁布的第一部关于工会的法律。《工会法》共 5 章 26 条，对新中国工会的性质、组织原则、工会的权利与责任、工会基层组织、工会经费作出了规定，明确工会有保护工人、职员群众利益，监督行政方面或资方切实执行政府法令所规定的劳动保护、劳动保险、工资支付标准、工厂卫生与技术安全规则以及其他有关的条例、指令等，并进行改善工人、职员群众物质生活与文化生活的各种设施的权利。

《工会法》为工人阶级通过自己的群众组织发挥在国家、社会事务中的重要作用提供了法律依据，废除了旧的劳动管理制度，实行民主管理，真正实现了工人阶级当家作主。在经济上，工人阶级的劳动和生活条件得到改善，政府通过用工制度改革解决了失业问题，通过工资制度改革建立了按劳分配的社会主义分配原则，并颁布一系列劳动保险和安全生产条例，对城镇职工逐步实现了劳动保险。《工会法》的制定和实施是对工人运动和工会发展的有益探索，为新中国工会的建设和活动提供了法律依据与保障。

《工会法》制定颁布不久，为进一步保障职工的安全与健康，救济和减轻职工因突然灾害、疾病而造成的困难，1951 年 2 月 26 日政务院总理周恩来签署颁布实施《劳动保险条例》，对职工的生、老、病、死、伤、残等实行保险，进一步鼓舞和调动了广大职工的生产积极性和主人翁的责任感。

三、中国工会第七次全国代表大会的召开

从1922年5月至1948年8月共召开过六次全国劳动大会，它们在不同的历史时期都发挥过重大作用，尤其是第六次全国劳动大会，指导中国工人运动胜利实现历史性转变。1953年1月，全国总工会六届二次执委会议作出同年5月召开第七次全国劳动大会的决定。4月召开的全国总工会六届三次执委会议，根据工人阶级已经成为执政阶级、工会组织已经成为执政阶级群众组织且已实现了全国工会组织统一的现实情况，决定将“第七次全国劳动大会”更名为“中国工会第七次全国代表大会”。这一重要改变，反映了新中国工会和工人运动发生的重大变化，揭开了其从新民主主义向社会主义过渡的历史新一页。从此，“全国工会代表大会”这一名称一直沿用至今。

1953年5月2日至12日，中国工会第七次全国代表大会在北京召开，出席会议的有来自全国各省、自治区、直辖市和各产业工会的代表813人，代表全国1020万名工会会员。中央国家机关和职工家属代表共175人列席了会议，世界工会联合会代表团和来自20多个国家的30多个工会组织代表应邀列席会议。会议的主要任务是总结六次劳大以来我国工人运动和工会工作取得的成绩与经验，制定国家进入大规模计划经济建设时期工会工作的任务方针，动员全国工人阶级为完成国家经济建设任务而努力奋斗。刘少奇代表党中央、林伯渠代表中央人民政府、陈叔通代表全国政协分别向大会致词。刘少奇在祝词中对中国工人阶级在夺取民主革命胜利、新中国成立后恢复国民经济和巩固人民民主专政的伟大事业中所作出的伟大贡献给予了高度评价，并向工人阶级提出新的奋斗目标。刘宁一致开幕词，赖若愚代表全国总工会作工作报告，许之桢作修改工会章程的报告。大会明确提出国家建设时期的工会组织最重要最基

本的任务，就是在中国共产党的领导下，联系并教育工人群众，不断地提高工人群众的觉悟程度和组织程度，巩固工农联盟，团结各阶层人民，积极地完成国家建设计划，并在发展生产的基础上，逐步改善工人阶级和全体劳动人民的物质生活与文化生活，为逐步实现国家的工业化和过渡到社会主义而斗争。

大会通过了《关于中国工会工作报告的决议》、《关于修改中国工会章程的决议》和《中华人民共和国工会章程》。大会选举产生了全国总工会第七届执行委员会，选举刘少奇为全国总工会名誉主席，赖若愚为主席，刘宁一、刘长胜、朱学范为副主席。

中国工会第七次全国代表大会是新中国成立后首次召开的工会全国代表大会，确立了“以生产为中心，生产、生活、教育三位一体”的工会工作方针，标志着中国工人运动和工会工作进入一个新的历史时期。这个方针贯彻了党在过渡时期总路线的基本要求，突出以生产为中心的工人运动和工会工作任务，强调关心职工群众生活、提高职工队伍素质，在团结动员广大职工贯彻过渡时期总路线、提前和超额完成“一五”计划、实现社会主义改造等方面发挥了巨大作用，推动了我国工运事业向前发展。

四、社会主义劳动竞赛的开展

从 1953 年开始，经济建设工作有计划地在全国展开。全国城乡迅速形成参加和支援国家工业化建设的热烈氛围。1953 年 5 月，各级工会加强了群众生产工作，动员和组织职工超额完成国家下达的生产任务。1953 年 9 月 6 日，《人民日报》发表题为《增加生产、增加收入、厉行节约、紧缩开支、超额完成国家计划》的社论，向工人阶级发出开展增产节约的社会主义劳动竞赛的号召。9 月 15 日，全国总工会发出《关于进一步开展增产节约劳动竞赛，保证全面地完成国家计划的紧急通知》，全国各地、各产业、各工矿企业的职工纷纷响应，劳动竞赛迅速开展起来。同年11月10日，全国总工会召开第七届执委会主席团第三次会议，集中讨论增产节约和劳动竞赛问题，作出《关于把劳动竞赛向前推进一步的决议》。1954年1月，全国总工会再次就开展劳动竞赛的意义、指导思想和具体做法发出指示。4月20日，全国总工会召开第七届执委会第五次主席团会议，作出在全国范围内开展技术革新运动的决定。由此，劳动竞赛和技术革新运动在全国范围内广泛开展。

五、工人阶级参加和推动社会主义改造

1953年夏，国家开始有计划有步骤地对资本主义经济进行社会主义改造。为促进对资本主义工商业社会主义改造的顺利进行，1953年8月，全国总工会召开七届二次主席团会议，通过《关于加强资本主义工业中的工会工作的指示》，对如何开展资本主义工业中的工会工作作出了明确规定，为动员工人群众参与资本主义工商业改造、开展工会工作指明方向。1954年，国家开始有计划地扩展公私合营企业。同年3月，全国总工会召开全国私营企业工会工作座谈会，针对过渡时期总路线公布后私营企业出现的新情况、新问题，规定了工会工作的方针任务，推动私营企业工会组织积极行动起来，更好地发动职工投入私营企业改造工作。1955年下半年，全国总工会和各级工会领导机关组织力量，对资本主义工商业改造问题进行调查研究，并在此基础上向党中央报送《关于加强私营商业中店员工会工作的报告》，得到党中央批转肯定。

1951年12月，党中央制定《关于农业生产互助合作的决议（草案）》，1953年12月，中共中央作出《关于发展农业生产合作社的决议》。在1955年7月后，农业生产合作化形成高

潮。1956年1月，全国总工会七届四次执委会议通过《关于动员职工支援农业合作化和农业生产的决议》，号召全国职工积极行动起来，支援农业合作化。工人阶级对农业合作化的支援，加快了农业合作化的步伐，到1956年底，全国建立75.6万个农业生产合作社，入社农户占总户数的96%，其中加入高级社的农户占总农户数的88%，基本上完成了对农业的社会主义改造。

按照党中央对手工业改造的方针，为做好手工业工人中的工会工作，全国总工会在1953年8月组织调查组，到手工业比较密集的成都市进行近一年的调查研究，于1954年7月向党中央报送《关于手工业工人中工会工作的请示报告》。1955年后，手工业合作化逐步走向高潮，全国合作总社党组向中共中央报告，提出希望全国工会系统积极参加和帮助手工业的社会主义改造工作。为此，全国总工会决定由各级工会抽调一批工会干部，参加对手工业合作化的领导。1956年，基本完成了手工业的社会主义改造。

六、新中国成立初期工运理论的探索

伴随着新中国工人运动的发展，新中国工运理论也开始得到探索。1950年7月，邓子恢在《关于中南区的工会工作》的报告中指出："在公营企业中，工会和行政双方都是为了国家，同时双方也是为了工人自己的利益服务，因此基本立场是一致的。但是也应该认识到，由于彼此的岗位不同、任务不同，因而彼此的具体立场也应该有所不同。"李立三基本赞成邓子恢的观点，撰写了《公营企业工会工作中的公私兼顾问题》一文，认为"新中国成立后工人阶级与人民民主政权的根本利益是完全一致的，但工人群众同国家和企业行政还存在着矛盾，这个矛盾反映在工人阶级的整体利益与个人利益、长远利益与眼前利益的关系上”。作为党和国家领导人的刘少奇，撰写《国营工厂内部的矛盾和工会工作的基本任务》一文，强调要分清敌对的和非敌对的这两类不同性质的矛盾。这些观点，既对当时的工会工作具有积极的指导作用，也成为日后中国特色社会主义工会发展道路的重要思想先导。

在贯彻落实中国工会第七次全国代表大会精神和推进社会主义改造的实践过程中，工会理论得到继续探索和发展。这种探索和发展主要围绕着两个基本问题切入。首先是关于工会在人民民主政权体系中的地位问题。赖若愚认为，工会是党联系工人阶级的纽带，具有重要的社会作用，指出如何正确对待群众是工会工作中的根本问题，脱离群众是工会工作一切危险中的最大危险。其次是关于工会的职能和作用问题。新中国成立以后，在工会工作的实践中形成了“以生产为中心，生产、生活、教育三位一体”的工会工作方针。赖若愚主持工会工作后，提出工会还应有维护职能，提出“保护职工群众物质利益和民主权利是工会的独特任务”的重要观点，对促进工会组织创造性地开展工作具有重要的积极作用。

第二节 社会主义建设探索和曲折发展时期的工人运动

在社会主义基本制度确立起来以后，中国共产党领导全国各族人民进行了全面的大规模的社会主义建设。在长达20年的时间里，虽然遭受过严重的挫折，但是社会主义事业仍然取得了重大成就。

一、中国工会第八次全国代表大会的召开

1956年9月15日至27日，中国共产党第八次全国代表大

会在北京举行。大会正确分析了国内形势和国内主要矛盾的变化，明确提出党和全国人民在新形势下的主要任务，从而为党、工人阶级和全国人民开展全面社会主义建设指明了方向，为我国工人运动提出了奋斗目标。刘少奇在向大会所作的政治报告中，就加强党对工会组织的领导和工会组织如何在社会主义建设中发挥作用的问题作了深刻阐述。赖若愚在会上作了《进一步发挥工会组织在社会主义建设中的作用》的发言。他依据新中国成立以来工人运动的基本经验和几年来对工会理论问题的探讨，集中就社会主义时期工会的地位、作用、任务，工会与群众、工会与党和行政的关系以及工会对国家机关和经济文化机关的监督等问题，阐述了基本观点和看法。

1957 年 12 月 2 日至 12 日，中国工会第八次全国代表大会在北京举行。出席大会的正式代表 989 人、候补代表 100 人，代表全国 1360 多万名工会会员。党和国家领导人毛泽东、刘少奇、周恩来、朱德、邓小平等出席了开幕式。世界工联总书记路易·赛扬和国际工会组织及各友好国家工会组织代表团也应邀列席了大会。大会主题是：把全体工人阶级动员起来，为完成国民经济第二个五年计划，把我国建成一个具有现代工业、现代农业和现代科学文化的社会主义强国继续努力奋斗。刘少奇代表党中央向大会致祝词，赖若愚代表中华全国总工会作工作报告。大会重申了中国工会七大制定的工会工作方针，进一步明确了工人阶级当时的中心任务，即努力发展工业，积极支援农业，集中力量执行即将开始的第二个五年计划。大会通过了《关于中国工会工作报告的决议》、《关于工会财务工作报告的决议》、《关于修改中国工会章程的报告》和《中国工会章程》等决议。大会选举产生全国总工会第八届执行委员会，赖若愚当选全国总工会主席，刘长胜、朱学范、许之桢、陈少敏（女）当选副主席。

中国工会第八次全国代表大会最主要的贡献就是明确了工人阶级和工会在社会主义建设中的任务，并据此制定了正确的方针政策，从而为处于社会主义建设中的工人运动和工会工作指明了方向，对于动员和团结全国工人阶级保证完成第二个五年计划任务，充分发挥工会在社会主义建设事业中的作用，具有重大而深远的意义。

二、增产节约运动的广泛深入开展

1957 年是执行第一个五年计划建设任务的最后一年，也是为实施第二个五年计划建设任务奠定基础的一年，工人阶级面临的主要任务就是要以饱满的建设热情去努力完成和超额完成第一个五年计划建设任务，并为第二个五年计划建设任务的到来做好准备。

1956 年 11 月，周恩来在中共八届二中全会上代表党中央提出了在全党和全国人民中开展增产节约运动的号召。工人阶级积极响应这一号召。1957 年元旦，《工人日报》发表了题为《响应党的增产节约运动的号召，继续开展先进生产者运动——迎接 1957 年》的社论，要求全国职工以更大的热情进行创造性的劳动，努力争取提前超额完成第一个五年计划，迎接第二个五年计划的到来。社论同时提出了 1957 年各级工会组织的三项任务，即加强对职工群众的政治思想教育、逐步建立和健全工人参加企业管理制度，继续帮助行政解决群众在劳动和生活条件方面的问题。紧接着全国总工会在 1 月 7 日至 15 日召开群众生产工作会议。会议的主要议题就是讨论如何开展好增产节约运动和先进生产者运动。2 月 8 日，中共中央政治局通过并正式发出了《关于 1957 年开展增产节约运动的指示》，号召工人阶级和全国人民不仅要保证完满地实现第一个五年计划，而且要为第二个五年计划奠定牢固的基础。根据中共中央的指示精神和全国总工会的工作部署，在各级工会特别是基层工会的具体组织下，广大职工积极投入以增产节约为中心的先进生产者运动中。

1959 年 4 月，全国人大二届一次会议提出开展全民的增产节约运动，8 月，党的八届八中全会作出《关于开展增产节约运动的决议》，指出目前全党和全国各族人民的中心任务，就是要深入开展轰轰烈烈的厉行增产节约的群众运动，为完成和超额完成 1959 年的生产和建设计划而斗争。为响应和贯彻全国人大二届一次会议的号召和党的八届八中全会的决议，全国总工会于 6 月和 8 月先后召开了省、区、市工会主席会议和八届六次主席团扩大会议，认真研究如何把职工群众更广泛更深入地动员起来，掀起增产节约运动新高潮的问题，并向全国职工发出了号召。为指导增产节约运动的扎实开展，省、区、市工会主席会议还专门讨论了基层工会组织在增产节约运动中的若干方法问题，并形成和下发了《关于工会组织在增产节约运动中若干经验纪要》。同以往相比，这次增产节约运动不仅规模较大，而且在内容和形式方面也都有所发展。比先进、学先进、赶先进活动增加了“先进帮后进”的内容，生产大协作蓬勃发展，劳动竞赛形式更加活泼多样，推广先进经验更加广泛活跃。

三、工会工作的艰辛探索

中国工会第八次全国代表大会后，随着形势的发展变化，尤其是“左”倾错误思想日益严重，工人运动和工会工作走上了曲折的发展道路。1958 年 5 月，中国共产党第八届全国代表大会第二次会议召开后，全国上下掀起了“大跃进”的高潮。1958 年 5 月 26 日至 8 月 5 日，全国总工会党组第三次扩大会议在北京召开，将原定会议内容改为开展工会工作中的敌我斗争和两条路线斗争，后来不仅召开会议的时间大大延长，而且会议的重点内容实际上演变为揭露与清算以赖若愚为首的右倾机会主义和宗派主义的错误。1958 年下半年，“大跃进”和人民公社化运动全面掀起。与之相联系，在工运领域形成以“取消县工会”为主要内容的“工会消亡”风。

尽管受到“左”倾错误的影响，广大职工群众仍然根据党的上述正确认识，广泛深入地开展了增产节约和技术革新与技术革命运动，以突出的业绩发挥了主力军作用。1961 年 1 月，国民经济“调整、巩固、充实、提高”的总方针开始实施。各级工会组织坚决响应党中央号召，积极组织广大职工努力完成各项任务，在国民经济调整中充分发挥工会组织和工人阶级的带头作用。1964 年，毛泽东提出开展“工业学大庆”的号召，在全国各行各业掀起了学习大庆经验的热潮。通过开展工业学大庆运动，大大激发出职工群众的爱国热情和生产积极性，有力地推动了各项生产事业的发展。

第三节 “文化大革命”时期的工人运动

一、工会工作的挫折

1966 年 5 月，“文化大革命”全面发动。1967 年到 1968 年，全国各省、自治区、直辖市和基层厂矿、企事业单位，都普遍成立了“革命职工代表大会”组织（简称“工代会”）。“工代会”在组织上、政治上的指导方针都是错误的，因此在工人运动史上没有起到积极作用。1966 年 6 月，全国总工会停止工作。尽管如此，工人群众仍然自觉坚守岗位、坚持生产，国民经济取得了一定进展，工业交通、基本建设和科学技术都取得了一些重要成就。例如：南京长江大桥建成通车；1.5 万吨邮轮顺利下水；首次地下核试验成功；第一颗人造地球卫星发射成功等。这些成绩来之不易，在很大程度上减少了“文化大革命”造成的损失。1971年九一三事件后，周恩来主持中央日常工作，提出整顿健全各项工作的要求，工会运动也出现短暂转机。1972年以后，部分工会干部恢复工作。1974年以后，全国各地相继结束“工代会”历史，开始整顿和恢复工会组织。

二、历史性转变中工人运动的徘徊与机遇

1977年8月，中国共产党第十一次全国代表大会召开，提出要加强党对工会的领导，把工会整顿好、建设好，充分发挥工会应有的作用。同时，党中央调整了全国总工会的领导班子，成立以马纯古为组长的全国总工会机关领导小组，负责推动全国总工会机关的揭批查运动，使广大工会干部和职工群众从思想上辨明了是非，激发了广大工会干部和职工群众为实现“四化”贡献力量的高昂热情。

经过“文化大革命”十年动乱，加速国家经济的腾飞、尽快改善和提高人民群众的生活水平，已成为全国人民的共同心愿。1978年3月，党中央指示，要求全国总工会尽快召开一次执委扩大会议，为召开中国工会九大做准备。4月22日至24日，全国总工会召开八届七次执委扩大会议，讨论召开中国工会第九次全国代表大会有关问题。这是自1966年3月全国总工会八届六次执委扩大会议召开之后，相隔12年再次召开的一次执委会议。根据党中央指示精神，全国总工会于1978年4月27日至29日召开全国劳动模范座谈会。之后，各省、市、区相继召开了劳动模范座谈会。随着全国总工会八届七次执委会议和全国劳模座谈会的召开，全国总工会机关各个职能部门、各地方工会和各产业工会开始恢复活动，中国工人运动迎来一个新的发展阶段。

社会主义革命和建设时期的中国工人运动，在工人阶级领

导的、以工农联盟为基础的人民民主专政的社会主义国家建立的基础上，翻开了历史性的一页。中华人民共和国的国家利益是全国人民的共同利益，也是工人阶级的根本利益。工人阶级在“把我国建设成为一个具有现代农业、现代工业、现代国防和现代科学文化的社会主义强国”的号召下，担负历史使命，进一步提高阶级觉悟，加强组织性、纪律性，提高文化技术水平，增强内部团结，发扬勤俭节约、艰苦奋斗的优良作风和大公无私的高贵品质，为完成社会主义建设事业而不断奋斗。中国工会团结动员广大工人阶级与党同心同德，巩固工农联盟，教育工人群众自觉地遵守国家法令和劳动纪律，努力发展生产，以国家主人翁的姿态和前所未有的劳动热情与奉献精神，积极参与医治战争创伤、恢复和发展国民经济，巩固新生的工人阶级领导的、以工农联盟为基础的人民政权；支持社会主义改造，参加社会主义基本政治经济制度的建设；团结、教育和组织各族职工以国家主人翁的姿态投身社会主义全面建设，在建成独立的比较完整的工业体系和国民经济体系中作出了突出贡献。虽然在这一时期，工人运动和工会事业遭遇了挫折，但工人阶级始终坚定不移地跟党走，在社会主义建设中作出了不可磨灭的贡献。

思考题：

1. 新中国成立初期工会组织发挥了哪些积极作用？
2. 社会主义革命和建设时期的工人运动有何特点？

大事记

1949 年

10 月 1 日，中华人民共和国中央人民政府成立。

10月，中华全国总工会召开常委扩大会议。

11月22日，中华全国总工会颁布《关于私营工商企业劳资双方订立集体合同的暂行办法》。

12月，中华全国总工会向全国各地工会发出《关于在最近半年内建立十个产业总工会的通知》。

1950年

年初，政务院开始在全国职工群众中开展清仓查库和献纳器材运动。

2月，政务院财政经济委员会发出《关于国营、公营工厂企业建立工厂管理委员会的指示》。

4月5日，中华全国总工会在北京召开全国工会组织工作会议。

4月，中华全国总工会在北京召开第一次全国职工业余教育会议。

5月，中华全国总工会召开全国工会生产工作会议。

6月29日，毛泽东发布中央人民政府命令，公布《工会法》。

6月，政务院发布《关于开展职工业余教育的指示》。

8月，中华全国总工会召开全国工会俱乐部工作会议。

9月25日，中共中央和中央人民政府在北京召开新中国第一次全国战斗英雄代表会议和全国工农兵劳动模范代表会议。

10月，政务院通过《劳动保险条例》。

11月，中华全国总工会号召全国工人阶级开展抗美援朝、保家卫国运动。

1951年

2月，中华全国总工会作出在全国范围开展马恒昌小组竞赛运动的决定。

9月，中华全国总工会会同劳动部在北京召开全国第一次劳动保护工作会议。

10月15日，纺织工业部发出在全国纺织系统普遍推广“郝建秀工作法”的指示。

12月13日至22日，中华全国总工会党组第一次扩大会议在北京召开。

1952年

7月25日，中华全国总工会的机关刊物《中国工运》正式创刊。

11月20日至12月2日，中华全国总工会在北京召开全国工会基层工作会议。

12月27日，中共中央批转全国总工会党组报送的《关于工会基层工作会议的总结报告》。

1953年

5月2日至12日，中国工会第七次全国代表大会在北京召开。

8月，中华全国总工会作出《关于加强资本主义工业中的工会工作的指示》。

9月6日，《人民日报》发表题为《增加生产、增加收入、厉行节约、紧缩开支、超额完成国家计划》的社论。

9月15日，中华全国总工会发出《关于进一步开展增产节约劳动竞赛，保证全面地完成国家计划的紧急通知》。

11月，中华全国总工会发出《关于学习、宣传与贯彻过渡时期总路线的指示》。

1954年

1月，中华全国总工会发出《关于开展厂矿企业中职工体育运动的指示》。

3月，中华全国总工会召开全国私营企业工会工作座谈会。

10月，中华全国总工会发出《关于向职工群众广泛宣传中华人民共和国宪法的通知》。

1955年

4月26日，中共中央批转了中华全国总工会党组报送的《全总党组关于几年来全国伤亡事故简况报告》。

9月10日，《人民日报》发表受中共中央委托，由赖若愚主持起草的《加强党对工会工作的领导》的社论。

10月2日，全国第一届工人体育运动大会在北京开幕。

1956年

1月，中华全国总工会作出《关于动员职工支援农业合作化和农业生产的决议》。

4月30日，全国先进生产者代表会议在北京召开。

6月，国务院通过《关于工资改革的决定》。

7月6日，中华全国总工会发出通知，要求各级工会教育和发动职工，监督企业正确执行工资改革的各项规定。

9月15日至27日，中国共产党第八次全国代表大会在北京召开。

1957年

2月，中华全国总工会党组向中共中央报送《中华全国总工会党组关于职工罢工请愿情况的报告》。

3月，中共中央发出《中共中央关于处理罢工、罢课问题的指示》。

4月，中共中央发出《中共中央关于研究有关工人阶级的几个重要问题的通知》。

6月13日，中华全国总工会登山队史占春、刘连满、刘大义等6人登上贡嘎山主峰。

8月21日至9月3日，中华全国总工会在北京召开全国工会积极分子代表会议。

12月2日至12日，中国工会第八次全国代表大会在北京召开。

1958年

3月22日，中共中央政治局扩大会议在成都召开，通过《中共中央关于工会组织问题的意见》。

5月26日至8月5日，中华全国总工会党组召开第三次扩大会议。

1959年

8月，中国共产党八届八中全会作出《关于开展增产节约运动的决议》。

10月25日至11月8日，全国工业、交通运输、基本建设、财贸等方面社会主义建设先进集体和先进生产者代表会议在北京召开。

1960年

1月30日，中共中央批转《中共太原市委关于开展以机械化和半机械化为中心的技术革新和技术革命运动的决议》。

2月和5月，中华全国总工会先后召开两次大城市工会干部座谈会。

3月18日，中共中央发出《关于加强当前技术革新、技术革命运动领导的批示》。

3月22日，中共中央批转《鞍山市委关于工业战线上的技术革新和技术革命运动开展情况的报告》。

3月，中华全国总工会、第一机械工业部、共青团中央在重庆市联合召开全国技术革新、技术革命现场会。

5 月 5 日，中共中央批转中华全国总工会、第一机械工业部、共青团中央《关于全国技术革新、技术革命重庆现场会议的报告》。

6 月 1 日至 11 日，全国教育和文化、卫生、体育、新闻方面社会主义建设先进单位和先进工作者代表会议在北京召开。

1961 年

1 月，中国共产党八届九中全会提出对国民经济实行“调整、巩固、充实、提高”的八字方针。

5 月，中共中央批转《关于改进基层工会工作的报告》。

6 月，中共中央制定《关于减少城镇人口和压缩城镇粮食销量的九条办法》，发出《关于精减职工工作若干问题的通知》。

9 月，中共中央发布《国营工业企业工作条例（草案）》。

9 月、10 月，中华全国总工会分别在杭州和北京召开职工业余教育工作座谈会。

12 月，中共中央同意并批转中华全国总工会《关于调整、充实基层工会干部问题的请示》。

1962 年

5 月 19 日，中华全国总工会召开会议，初步检查四年来全国总工会的工作。

12 月 3 日，中华全国总工会召开职工体育工作座谈会。

1963 年

3 月 6 日，中华全国总工会发出《关于广泛组织全国职工向雷锋同志学习的通知》。

4 月 9 日，中华全国总工会发出《关于广泛组织全国职工学习“一厘钱”精神的通知》。

10 月，中共中央、国务院批转《国家经委、全国总工会关于在工业、交通企业中开展“五好”企业和“五好”职工竞赛问题的报告》。

12月25日，中华全国总工会和教育部在北京联合召开全国职工业余教育工作会议。

1964年

1月7日，中华全国总工会党组向中共中央报送《关于加强县工会工作的报告》。

3月18日，中华全国总工会党组向当时主管工会的中央领导人杨尚昆报送《关于工业交通系统中政治部与工会组织的关系问题的意见》。

1965年

2月和7月，中华全国总工会连续召开两次省、市、自治区工会主席会议。

9月8日，中共中央批转中华全国总工会《整顿基层工会的若干意见（草案）》。

12月中旬，中华全国总工会组织全国省、自治区、直辖市工会和部分省属市工会的领导干部到大庆油田参观学习。

1966—1976年

1966年1月10日，中华全国总工会党组向党中央汇报赴大庆油田学习情况。

1966年5月，“文化大革命”开始后，全国各级工会组织先后受到严重冲击和破坏。

1972年1月，中华全国总工会向中共中央提出组织人员到基层做调查，为整建工会作准备。

1973年1月，《人民日报》、《解放军报》和《红旗》杂志联合发表新年献词，明确提出工会、共青团、妇联等群众团体要经过整顿逐步健全起来。1973 年 4 月 11 日，中共中央向全国批转北京市委和上海市委关于召开工会代表大会的请示报告。

1975 年 2 月 21 日，中共中央发出《关于成立中国工会第九次全国代表大会筹备组的通知》。

1977 年

4 月 20 日至 5 月 13 日，全国工业学大庆会议先后在大庆、北京召开。

8 月 3 日，中共中央决定，成立以中华全国总工会副主席、书记处书记马纯古为首的全国总工会机关领导小组。

8 月，中国共产党第十一次全国代表大会召开。

第三章　改革开放和社会主义现代化建设新时期的工人运动

1978 年党的十一届三中全会后，在党中央的领导下，各级工会组织开展了拨乱反正运动，解放思想、平反冤假错案、恢复和重建等各项工作顺利开展。特别是邓小平代表中共中央和国务院在中国工会九大上的致词，贯彻了全心全意依靠工人阶级、工人阶级要为实现社会主义现代化作出优异贡献，工会要自觉接受党的领导、更好地代表和维护职工群众利益的中心思想，为开创新时期工会工作新局面指明了前进方向。致词以其深远的理论意义和历久弥新的现实意义永载中国工人运动光辉史册。改革开放后，党中央明确要求，各级党委必须牢固树立全心全意依靠工人阶级方针，高度重视工会工作，党组织要对工会实行统一领导，支持工会依照法律和章程独立自主开展工作，在维护全国人民总体利益的同时更好地维护职工群众的具体利益，充分发挥工会在思想政治教育中的作用，在国家和社会管理中的民主参与、民主监督作用，增强基层工会组织活力，加强工会干部队伍建设。随着经济体制改革和市场经济的发展，工会面临重大挑战和机遇，党中央要求工会把自觉接受党的领导与独立自主开展工作统一起来，在思想上、政治上与党中央保持高度一致，同时要求工会从实际工作出发，充分发挥自身的特点和优势，积极开展社会需要、职工欢迎的工作和活动，进一步增强工会组织的吸引力和凝聚力。进入新世纪，党中央要求各级党委和政府进一步贯彻落实全心全意依靠工人阶级的方针，重视发挥工会组织的重要作用，切实加强和改善对工会工作的领导，支持工会依照法律和自己的章程开展工作，把更多的资源和手段赋予工会组织，充分发挥工人阶级主力军作用，为夺取全面建设小康社会新胜利建功立业。

第一节　伟大历史转折和中国特色社会主义开创时期的工人运动

以党的十一届三中全会和此前不久召开的中国工会九大为标志，中国工人运动进入新的历史时期，中国工运事业和工会工作得到恢复和发展。

一、中国工会第九次全国代表大会的召开

1978 年 10 月 11 日至 21 日，中国工会第九次全国代表大会在北京召开。出席大会的代表 1967 人，代表全国 5000 多万名工会会员。大会的根本任务是进一步动员全国工人阶级，为实现新时期的总任务，建设社会主义现代化强国而奋斗。邓小平代表中共中央和国务院向大会作题为《工人阶级要为实现四个现代化作出优异贡献》的致词，全面、深刻地阐明了工会的性质、地位、作用和任务，是指导新时期工人运动和工会工作的纲领性文献。倪志福代表全国总工会向大会作工作报告。大会确定工会工作要在中国共产党的领导下，遵循党的十一大路线，团结、教育、吸引广大职工不断提高政治觉悟，掌握现代科学技术，积极参加管理，广泛开展社会主义劳动竞赛，努力提高劳动生产率，并在发展生产的基础上逐步改善职工群众的物质文化生活，为实现新时期的总任务而奋斗。大会通过了倪志福

所作的工作报告、《关于修改中国工会章程报告的决议》和新的《中国工会章程》。中华全国总工会第九届执行委员会第一次全体会议选举倪志福为主席。

中国工会第九次全国代表大会是我国社会主义建设事业进入新的历史发展时期工会的首次盛会，是向社会主义四个现代化进军的大会，是我国工人运动经历“文化大革命”破坏之后全面恢复的标志。这次大会对于动员广大工会工作者按照新时期党对工会工作的要求，承担起工会应负的历史责任，发挥自己的作用；对于动员全国工人阶级为实现新时期的总任务而奋斗，具有巨大的推动作用和深远的历史意义。

1978年12月，党的十一届三中全会胜利召开。会议提出把党的工作重点转移到实现四个现代化建设上来的伟大任务，开启了我国改革开放和社会主义现代化建设的新时期。党的十一届三中全会对中国工人运动和工会工作的发展产生了重大而深远的影响，它指引中国工人运动和工会工作端正了方向、明确了中心，认识到工人阶级必须集中力量，一心一意进行社会主义现代化建设，大力发展生产力。工会着眼新任务新要求，充分认识到改革的必要性和重要性，团结动员广大职工群众支持改革、投身改革、锐意改革，在改革中发挥主力军作用。

在党的十一届三中全会精神指引下，工会领域深入拨乱反正，澄清路线是非，平反冤假错案，落实老劳模、老工人政策，理顺各方面关系，工会组织的各项工作全面恢复，新时期工人运动和工会工作的发展方向、目标和中心任务更加明确。

二、新时期工会工作方针的确立

1982年9月，中国共产党第十二次全国代表大会召开，提出建设有中国特色的社会主义，制定了全面开创社会主义现代化建设新局面的奋斗纲领。大会要求必须加强党在工会中的工作，使工会成为联结党和工人群众的强大纽带。同年，由中共中央书记处研究室牵头、全国总工会等单位参加，开展了首次全国职工队伍状况调查，作出工人阶级将在向以经济建设为中心的战略转移中发挥主力军作用的重大结论。1983 年 3 月 14 日，中共中央书记处在听取全国总工会筹备中国工会第十次全国代表大会工作汇报时，强调“工会的性质和任务应该是在党的领导下，代表工人阶级利益，为工人阶级办事的群众性组织”，“工会一定要面向工厂、面向工人，密切联系群众，反映职工的呼声和要求，真正成为‘职工之家’‘工人之友’”。

1983 年 10 月 18 日至 29 日，中国工会第十次全国代表大会在北京召开。出席大会的代表 1998 人，特邀代表 328 人，代表全国 7331 万名工会会员。党和国家领导人胡耀邦、邓小平、李先念、陈云等出席大会开幕式并会见全体代表。李先念代表中共中央、国务院向大会致词，倪志福代表全国总工会向大会作工作报告。大会提出新时期工会工作的方针是：以“四化”建设为中心，为职工说话、办事，维护职工的合法权益，加强对职工的思想政治教育和文化技术教育，建设一支有理想、有道德、有文化、守纪律的职工队伍，充分发挥工人阶级在社会主义物质文明和精神文明建设中的主力军作用。

中国工会第十次全国代表大会是全国职工加强团结的动员大会。大会的主要贡献是总结了党的十一届三中全会和改革开放以来工人运动和工会工作的成就和基本经验，分析了新的形势和任务，确定了新时期工人运动和工会工作的方针、任务，为改革开放中工人运动和工会工作的蓬勃发展指明了方向，标志着中国工人运动和工会工作进入了一个新的发展阶段。中华全国总工会第十届执行委员会第一次全体会议选举倪志福为主席。

1984 年 10 月，党的十二届三中全会召开，会议通过《中共中央关于经济体制改革的决定》，拉开了我国城市经济体制改革大幕。《中共中央关于经济体制改革的决定》阐述了工会在企业改革中的作用，指出必须健全职工代表大会制度和各项民主管理制度，要求工会围绕增强企业活力、促进生产力发展开展工作，认真处理改革和建设中涉及职工利益的各种问题，维护职工的合法权益。1985 年 11 月 13 日，全国总工会十届三次执委会议通过《在经济体制改革中加强城市工会工作的意见》，要求各级工会组织提高对城市工会工作的认识，着重抓好三个环节：一是参政议政，积极参与城市经济改革和发展建设的重大决策；二是关心城市全局，抓好两个文明建设，在建设社会主义的新型城市中发挥作用；三是围绕着搞活企业，继续加强基层工会建设，在抓基层、打基础上下功夫。

三、工会改革全面推进

1987 年 10 月，中国共产党第十三次全国代表大会在北京召开，系统地阐述了社会主义初级阶段理论。大会强调在改革中要充分发挥工会等群众组织的重要作用和职能，指出工会等群众团体历来是党和政府联系工人阶级和人民群众的桥梁和纽带，在社会主义民主生活中具有重要作用，明确各种群众团体要按照各自的特点独立自主地开展工作，在维护全国人民总体利益的同时，更好地表达和维护各自所代表的群众的具体利益。党的十三大阐明了工会工作的重点和工会自身的改革方向，强调群众团体也要改革组织制度，转变活动方式，积极参与社会协商、民主管理和民主监督，把工作重点放在基层，克服行政化倾向，赢得群众特别是基层群众的信任。

1988 年 10 月，全国总工会十届六次执委扩大会议通过《工会改革的基本设想》，系统提出工会以经济建设为中心，在维护全国人民总体利益的同时，更好地表达和维护职工群众的具体利益，明确工会履行维护、建设、参与和教育四项社会职能。《工会改革的基本设想》为开好中国工会十一大作了重要的理论准备，在中国工会发展史上具有重要意义。

1988年10月22日至28日，中国工会第十一次全国代表大会在北京召开。出席大会的代表1515人，代表全国9600多万名工会会员。党和国家领导人邓小平、杨尚昆、李鹏、万里、李先念等会见了出席大会的代表。中共中央、国务院向大会致祝词，明确提出工会要把以经济建设为中心，在维护全国人民总体利益的同时，更好地表达和维护职工群众的具体利益，作为中国工人运动和工会工作的一项基本指导原则。倪志福代表全国总工会第十届执行委员会作题为《推进工会改革，团结亿万职工，在全面深化改革发挥主力军作用》的工作报告，提出工会在全面深化改革中的方针和任务，即以经济建设为中心，立足改革全局，把发展生产力和维护职工利益结合起来，增强基层工会活力，实现工会的群众化、民主化，团结广大职工为建设有中国特色的社会主义而奋斗。中国工会第十一次全国代表大会是在确定了工会改革的基本框架的情况下召开的，贯彻了党的十三大确定的社会主义初级阶段的基本路线，适应了我国经济体制改革和社会发展需要。大会以其改革主题而被载入中国工会运动的史册，提出工会组织维护、建设、参与和教育的四项基本职能并把维护职能作为四项职能之首，这是重要的突破和进步，对后来工会工作产生了重要影响。中华全国总工会第十一届执行委员会第一次全体会议选举倪志福为主席。

1989年12月，中共中央发出《关于加强和改善党对工会、共青团、妇联工作领导的通知》，重申了全心全意依靠工人阶级的指导思想，深刻阐述了社会主义条件下工会等群众组织的性质、地位、作用，以及党对工会领导的正确原则、方针、政策，并就加强和改善党对工会工作领导的基本指导思想、指导原则、目标途径及方式方法等作出一系列规定。这是新中国成立以来第一个专门论述加强和改善党对工会等群众组织领导，充分发挥工会等群众组织作用的中央文件，其指导意义十分重大。

与工会改革工作同步推进，职工代表大会制度开始恢复重建，各级工会进一步健全职工代表大会制度，明确厂长负责制必须和职工民主管理相结合，明确职工代表大会是职工行使民主管理权力的机构，明确工会是职代会的工作机构，并发挥参与、监督、维护等作用。全国总工会要求各级工会从职工群众愿望和要求出发，开展基层工会的改革创新活动，形成了以山东省潍坊市和江苏省常州市为典型的工会代表制和联合制、辽宁省朝阳市总工会“四个放开”等典型经验。1985 年 8 月，中共中央和国务院同意了全国总工会党组报送的《关于工会参加党和政府的有关会议和工作机构的请示》，形成工会与政府或产业部召开联席（联系）会议的制度。

第二节　中国特色社会主义全面推向21 世纪时期的工人运动

工人阶级和工会在从计划经济向市场经济的历史转变中，锐意进取、与时俱进，成为推动和完善市场经济体制、促进经济社会发展的强大力量。

一、制定经济体制改革中的工运方针

1992 年 10 月，中国共产党第十四次全国代表大会召开。大会确立了邓小平建设有中国特色社会主义理论在全党的指导地位，正式把建立社会主义市场经济体制确立为我国经济体制改革的目标，标志着党对社会主义理论和改革开放实践认识发生了新的飞跃。大会提出，要胜利实现九十年代的繁重任务，必

须全心全意依靠工人阶级和广大劳动群众，充分发挥全体人民的积极性和创造性。

1993 年 10 月 24 日至 30 日，中国工会第十二次全国代表大会在北京召开。出席大会的代表 1600 人，特邀代表 296 人，港澳地区工会代表 21 人，代表全国各条战线的 10176 万名工会会员。党和国家领导人江泽民、李鹏、乔石、李瑞环、朱镕基、刘华清、胡锦涛等出席开幕式并接见全体代表。江泽民同志在接见大会主席团常务主席时提出要“积极探索有中国特色社会主义工会工作的新路子”。胡锦涛代表中共中央、国务院致祝词。张丁华代表全国总工会第十一届执委会作工作报告。大会全面贯彻党的十四大精神，系统全面总结党的十一届三中全会以来十五年工人运动和工会工作的伟大实践和基本经验，确定新阶段我国工会工作的方针和任务：坚定不移贯彻执行中国共产党以经济建设为中心、坚持四项基本原则、坚持改革开放的基本路线，在维护全国人民总体利益的同时，更好地表达和维护职工群众的具体利益，全面履行各项社会职能，充分发挥民主渠道和社会调节作用，团结和动员全国职工，巩固和发展安定团结的政治局面，为把我国建设成为富强、民主、文明的社会主义现代化国家而奋斗。中国工会第十二次全国代表大会是在改革关键阶段、发展重要时期召开的一次重要会议，会议取得的积极成果，对于指引中国工人运动和工会工作实现从习惯于计划经济向适应于市场经济转变，不断开拓新领域、实现新发展具有重要意义。中华全国总工会第十二届执行委员会选举尉健行为主席。

二、工会工作总体思路的确立

1994 年 7 月，《劳动法》颁布，1995 年 1 月 1 日起开始实施。《劳动法》的基本宗旨是保护劳动者的合法权益，调整劳动关系，建立和维护适应社会主义市场经济的劳动制度，促进经济发展和社会进步。作为规范市场经济条件下劳动关系的基本法律，《劳动法》明确规定了在发展社会主义市场经济过程中，工会在调节劳动关系、维护劳动者合法权益中的地位、权利、渠道和方法，并提供了法律保障。

以此为契机，在1994年12月召开的全国总工会第十二届二次执委会议上，审议通过了《全国总工会关于贯彻实施〈劳动法〉的决定》，提出新时期工会工作总体思路，即“以贯彻实施《劳动法》为契机和突破口，带动工会各项工作，推动自身改革和建设，努力把工会工作提高到一个新水平，在改革、发展、稳定中更好地发挥作用”。工会工作总体思路的提出，是对社会主义时期工会理论和实践的重大突破，从理论上回答了长期以来有所争论的理论问题，明确在社会主义初级阶段，工会组织赖以存在的客观基础是劳动关系。各地工会在工会工作总体思路的指导下，形成了深圳蛇口工业区、深圳宝安区、辽宁葫芦岛、吉林梨树等一批先进典型经验。

1995年4月29日，在庆祝“五一”国际劳动节暨表彰全国劳动模范和先进工作者大会上，江泽民发表重要讲话，指出中国工会在党的领导下，为我国革命、建设和改革作出了重大贡献，肩负着职工群众合法权益的代表者和维护者的神圣职责。这是党中央主要领导首次明确工会“肩负着职工群众合法权益的代表者和维护者的神圣职责”，表明了党中央对工会以维护职工权益为基本职责的肯定。

三、工会工作全面迈向新世纪

1997年9月，中国共产党第十五次全国代表大会召开。在邓小平理论的指导下，大会明确回答了中国改革开放和现代化建设发展的一系列重大理论和实践问题，从思想上、政治上、组织上为中国的跨世纪发展提供了根本保证，同时也为中国工人运动和工会工作在推动国家跨世纪发展中发挥作用以及自身的跨世纪发展指明了方向。

1998 年 10 月 19 日至 24 日，中国工会第十三次全国代表大会在北京召开。出席大会的代表共 1859 人，列席大会人员 24 人，港澳来宾 25 人。大会的主题是：高举邓小平理论伟大旗帜，团结动员各族职工为实现我国跨世纪宏伟目标而奋斗。党和国家领导人江泽民、李鹏、朱镕基、李瑞环、胡锦涛、尉健行、李岚清等出席大会并会见大会代表。胡锦涛代表中共中央致祝词。张丁华代表全国总工会第十二届执委会作工作报告。会议肯定了 20 世纪工人运动和工会工作的光辉业绩和重大贡献，高度评价了工会工作总体思路，提出要全面贯彻党的十五大精神，强调工会工作必须坚持服务全局，突出依法维权，抓住工作重点，加强工会组建和自身建设，为把建设有中国特色社会主义事业全面推向 21 世纪而努力奋斗。中国工会第十三次全国代表大会是 20 世纪召开的最后一次全国工会会员代表大会，是中国工运史上承前启后、继往开来的一次盛会。大会明确了世纪之交中国工人运动和工会工作的正确方向，对于团结动员全国各族职工为实现中国跨世纪宏伟目标而奋斗，把中国工运事业全面推向 21 世纪产生了重大而深远的影响。中华全国总工会第十三届执行委员会第一次全体会议选举尉健行为主席。

中国工会第十三次全国代表大会召开后，工会组织建设取得长足发展，新建工会组织数量大大增加，并显示出旺盛的生命力。截至 2002 年 9 月，全国新建企业工会组织达到 113.4 万个，会员数达到 4289 万人；全国工会基层组织数由 1997 年 51.0 万个增加到 171.3 万个，全国工会会员总数由 9131.0 万人增加到 1.3 亿人，达到历史最高水平。各级工会组织还积极推行新建企业工会组织体制、建立健全组织网络，切实加强乡镇

（村）、街道（社区）和工业区、高新技术园区工会的建设，积极探索建立外商投资企业工会联合会、私营企业工会联合会，探索按区域、行业、市场、楼宇等来建立多种形式的基层工会组织，推进社区工会建设，扩大工会组织的覆盖面。各级工会组织不断加强自身改革与建设，在工会领导机关转变运行机制和活动方式、加强干部队伍建设和增强基层工会活力等方面，均取得了一定的成效。在外商投资企业、私营企业中，广泛开展以“双爱双评”为主要内容的建设职工之家活动，有力推动了非公企业工会工作整体水平的提高。

第三节　新形势下坚持和发展中国特色社会主义时期的工人运动

进入21世纪，中国共产党第十六次全国代表大会指出，我国已进入全面建设小康社会、加快推进社会主义现代化建设的新的发展阶段。在各级工会的组织动员下，广大职工在全面推进建设小康社会中充分发挥工人阶级主力军作用，作出了巨大贡献。

一、探索中国特色社会主义工会发展道路

2002年12月，全国总工会召开十三届五次执委会议，选举中共中央政治局委员王兆国为中华全国总工会主席。2003年9月22日至26日，中国工会第十四次全国代表大会在北京召开。出席大会的正式代表共计1698名，特邀代表253名，列席人员23名，港澳来宾34名，代表全国1.34亿名工会会员。党和国家领导人胡锦涛、吴邦国、温家宝等出席大会。曾庆红代表中共中央发表祝词。王兆国代表全国总工会第十三届执行委员会作工作报告。中国工会第十四次全国代表大会是在新世纪召开

的第一次代表大会，也是在国家开始全面建设小康社会的新形势下召开的一次重要会议，是全国亿万职工和广大工会干部政治生活的一件大事。大会对于团结动员全国工人阶级在全面建设小康社会、加快推进社会主义现代化的历史进程中充分发挥主力军作用，开创新世纪、新阶段工会工作的新局面，具有重大而深远的意义。中华全国总工会第十四届执行委员会第一次全体会议选举王兆国为主席。

2003 年 12 月，在全国总工会十四届三次主席团会议上，王兆国提出将“组织起来，切实维权”作为工会工作的重点。2004 年，全国工会系统围绕“组织起来，切实维权”开展大调研，形成《中华全国总工会关于进一步加强基层工会工作的决议》。2004 年 12 月，全国总工会十四届二次执委会议把“组织起来，切实维权”确定为工会工作方针。2005 年 7 月，全国总工会十四届六次主席团会议通过了《关于坚持走中国特色社会主义工会发展道路的决议》，从指导思想、政治保证、根本任务、职能作用、组织体制、对外交往、内在动力七个方面，阐述了中国特色社会主义工会发展道路的基本内涵。中国特色社会主义工会发展道路顺应时代潮流，符合中国国情，体现工会性质，科学回答了“走什么样的工会发展道路、建设什么样的工会”这一重大时代课题，对新时期中国工会运动的认识上升到新的高度。2006 年 7 月，全国总工会十四届九次主席团（扩大）会议在研究加强企业工会工作的问题时，明确提出“促进企业发展，维护职工权益”的企业工会工作原则。2006 年 12 月，在全国总工会十四届十一次主席团（扩大）会议上，王兆国作题为《坚持中国特色社会主义工会维权观，加强协调和谐劳动关系推动构建和谐社会》的重要讲话，提出“以职工为本，主动依法科学维权”的中国特色社会主义工会维权观。

中国工会第十四次全国代表大会召开后，党领导中国工会立足历史方位的变化，深入探索研究新的历史条件下工会工作的特点和规律，形成了中国特色社会主义工会发展道路，确立了“组织起来，切实维权”的工作方针，树立了“以职工为本，主动依法科学维权”的工会维权观，明确了“促进企业发展、维护职工权益”的企业工会工作原则，为推动科学发展、经济结构战略性调整、促进社会和谐、维护社会稳定作出了重要贡献。

二、中国特色社会主义工会发展道路进一步拓展

2007年10月，中国共产党第十七次全国代表大会在北京召开，为站在新的历史起点上的中国工人运动和工会工作指明了方向。

2008年10月17日至21日，中国工会第十五次全国代表大会在北京召开。参加大会的正式代表1800名，特邀代表289名，列席人员21名，港澳来宾29名，代表全国2亿多名工会会员。正式代表中有农民工代表47名，这是改革开放以来在中国工会代表大会上第一次出现农民工代表，体现了工会在新时代背景下对农民工工作的重视。党和国家领导人胡锦涛、吴邦国、温家宝、贾庆林、李长春、习近平、李克强、贺国强等出席大会。大会的主题是：全面贯彻党的十七大精神，高举中国特色社会主义伟大旗帜，以邓小平理论和“三个代表”重要思想为指导，深入贯彻落实科学发展观，坚定不移地走中国特色社会主义工会发展道路，努力建设中国特色社会主义工会，务实创新、开拓进取，团结动员全国亿万职工为夺取全面建设小康社会新胜利而奋斗。习近平同志受中共中央委托，发表题为《在夺取全面建设小康社会新胜利中充分发挥工人阶级主力军作用》的祝词，指出全国各级工会要坚持中国特色社会主义理论体系，坚定不移地走中国特色社会主义道路，始终做到与时代发展同步

伐、与改革开放共命运、与党和职工群众心连心，使中国特色社会主义工会发展道路越走越宽广。王兆国代表全国总工会作工作报告。大会围绕“建设什么样的工会、怎样建设工会”这一重大时代课题，认真学习贯彻党的十七大精神，高举中国特色社会主义伟大旗帜，明确了今后五年工会发展的方向和任务。中华全国总工会第十五届执行委员会第一次全体会议选举王兆国为主席。

中国工会第十五次全国代表大会召开后，根据劳动关系领域发生的新情况、新问题，全国总工会坚持“组织起来，切实维权”的工会工作方针，贯彻“以职工为本，主动依法科学维权”的工会维权观，提出了“两个普遍”的工作要求和目标，即依法在企业普遍建立工会组织，依法在企业普遍推行工资集体协商。根据“两个普遍”的工作要求，2011 年 1 月，全国总工会制定了《中华全国总工会 2011—2013 年推动企业普遍建立工会组织工作规划》和《中华全国总工会 2011—2013 年深入推进工资集体协商工作规划》两个三年规划。“两个普遍”是对中国特色社会主义工会维权观的继承、深化和发展，是工会适应当前形势任务需要、立足劳动关系发展变化实际、推动工会工作改革创新、切实解决工会面临的现实问题而提出的一项根本性举措，是对在社会主义市场经济条件下“怎样最大限度把职工组织起来，怎样更好地发挥工会作用”的科学问答和重大突破，具有很强的理论性、指导性和针对性。

2010 年 8 月，习近平同志就《浙江日报》宣传报道传化集团构建和谐劳动关系作出重要批示。2011 年 8 月 15 日至 16 日，全国总工会、人力资源和社会保障部、全国工商联、中国企业联合会以及中央宣传部联合在北京举行全国构建和谐劳动关系先进表彰暨经验交流会，表彰全国模范劳动关系和谐企业和工业园区，交流构建和谐劳动关系的工作经验，对当前和今后一个时期构建和谐劳动关系工作进行了全面部署。习近平同志出席会议并讲话，强调构建和谐劳动关系，是建设社会主义和谐社会的重要基础，是增强党的执政基础、巩固党的执政地位的必然要求，是坚持中国特色社会主义道路、贯彻中国特色社会主义理论体系、完善中国特色社会主义制度的重要组成部分，其经济、政治、社会意义十分重大而深远。这次会议是改革开放以来第一次全国性、高规格的研究部署构建和谐劳动关系的工作会议，对于进一步做好新形势下的劳动关系协调工作具有里程碑意义，对于推动科学发展、促进社会和谐产生重大而深远的影响。2012 年 1 月，王兆国代表中共中央在全国总工会十五届六次执委会上发表讲话，对工会发展道路八个方面的内涵作出明确的阐释。这次执委会通过了《关于学习宣传实践中国特色社会主义工会发展道路的决议》。

在中国特色社会主义工会发展道路指引下，工会组建和巩固工作大步推进。截至 2011 年 9 月底，全国基层工会数量达到 232 万个，其中企业工会 170.6 万个；全国工会会员总数达到 2.58 亿人，其中农民工会员达到 9400 多万人；工会基层组织覆盖单位达到 530 多万家，其中企业建会率为 67.58%。农民工入会和维权工作得到不断加强、推进，厂务公开、职工代表大会建制率得以进一步扩大，积极推动公司制企业建立健全职工董事监事制度。各级工会坚持和完善民主集中制，健全工会民主决策制度、执行监督制度、会务公开制度、学习培训制度，建立对工会干部的奖励和约束机制，健全工会干部保护机制，贯彻落实问责制办法，强化督察工作，进一步提高工会工作的执行力，加强调查研究和理论研究工作。

改革开放和社会主义现代化建设时期的中国工人运动，随着新中国成立以来党的历史上具有深远意义的伟大转折，开启了新的发展阶段。我国工人阶级坚决拥护党的改革政策，坚定地走在时代发展前列，历史性地担负起领导阶级的使命。从改革之初的城市经济体制改革，到建立社会主义市场经济体制和逐步深化国有企业改革，再到进入新世纪新阶段完善社会主义市场经济体制、全面建设小康社会，亿万职工始终以高度的主人翁精神和伟大的创造力量，为不断深化改革、促进国民经济发展和社会进步作出了巨大贡献。实践证明，中国工人阶级不愧是先进生产力和生产关系的代表，不愧是中国共产党最坚实最可靠的阶级基础，不愧是社会主义中国的领导阶级，不愧是改革开放和发展中国特色社会主义的主力军。中国工会紧跟党的工作重心战略转移，团结动员广大职工执行党在社会主义初级阶段的基本路线，热情支持、积极参与、大力推动改革开放和社会主义现代化建设；正确处理改革发展稳定的关系，突出履行维护职工合法权益这一基本职责，努力为职工做好事、办实事、解难事，同时引导职工群众自觉维护改革开放和现代化建设的大局，维护全体人民总体利益的大局；确立“组织起来，切实维权”的工作方针，树立“以职工为本，主动依法科学维权”的工会维权观，坚持“促进企业发展，维护职工权益”的企业工会工作原则，积极构建和谐劳动关系，为推动科学发展、经济结构战略性调整、促进社会和谐、维护社会稳定作出了重要贡献。

思考题：

1. 中国工会第九次全国代表大会的历史意义是什么？

2. 工会在社会主义市场经济体制建立过程中发挥了哪些作用？

3. 改革开放和社会主义现代化建设新时期工人运动的特点有哪些？

大事记

1978 年

3 月 18 日，全国科学大会召开。

4 月 27 日至 29 日，中华全国总工会召开全国劳动模范座谈会。

4 月，中华全国总工会八届七次执委会扩大会议召开。

8 月，中华全国总工会在北京召开省、市、自治区总工会负责人会议。

10 月 11 日至 21 日，中国工会第九次全国代表大会在北京召开。

12 月 18 日至 22 日，中国共产党召开十一届三中全会。

12 月 22 日，中华全国总工会、财政部发出《关于恢复企业、事业、机关的行政方面拨交工会经费的联合通知》。

12 月，中华全国总工会在北京召开职工业余文艺工作座谈会。

1979 年

2 月，中华全国总工会作出《加强安定团结，广泛深入地开展增产节约运动的决议》。

7 月，中华全国总工会在江苏无锡召开 14 省市工人文化宫、俱乐部工作座谈会。

9 月 19 日，中共中央批转对中华全国总工会党组第三次扩大会议的复查结论和报告。

9 月 28 日，国务院在北京举行授奖仪式，嘉奖工业、交通、基本建设战线的全国先进企业和全国劳动模范。

12 月 28 日，国务院在北京举行授奖仪式，嘉奖农业、财贸、教育、卫生、科研战线的全国先进单位和全国劳动模范。

1980 年

1 月，中华全国总工会召开女工工作会议。

3 月 20 日，党中央在北京为无产阶级革命家、中国工人运动杰出的领导人李立三举行追悼会。

4 月，中华全国总工会召开劳动保险工作会议。

10 月，中华全国总工会印发《关于进行职工生活大检查的通知》。

1981 年

2 月 20 日，中共中央、国务院作出《关于加强职工教育工作的决定》。

2 月 25 日，中华全国总工会、共青团中央、全国妇联等单位联合向全国人民特别是青少年发出开展“五讲四美”文明礼貌活动倡议。

6 月，中国共产党十一届六中全会通过《关于建国以来党的若干历史问题的决议》。

10 月 7 日至 12 日，中华全国总工会九届三次执委扩大会议召开。

1982 年

4 月 27 日至 5 月 2 日，中华全国总工会在北京人民大会堂召开全国劳动模范和先进人物代表座谈会。

9 月 1 日至 11 日，中国共产党第十二次全国代表大会召开。

12 月 10 日，中华全国职工技术协作委员会成立暨表彰先进大会召开。

本年，全国总工会和各级地方工会领导机关进行机构改革。

1983 年

1 月，中华全国总工会会同中宣部、中组部、中央书记处研究室、国家经委等单位，在北京召开新中国成立以后首次全国职工思想政治工作会议。

3 月 14 日，中共中央书记处讨论中国工会十大工作报告提纲和十届执委会主席团（常委）组成的初步设想，并对工会问题作出重要指示。

7 月，中共中央批转《国营企业职工思想政治工作纲要（试行）》。

10 月 18 日至 29 日，中国工会第十次全国代表大会在北京召开。

1984 年

4 月，中华全国总工会在天津召开全国小企事业单位生活福利工作经验交流会。

5 月，中华全国总工会作出《关于整顿工会基层组织，开展建设“职工之家”活动的决定》。

6 月，中华全国总工会作出《关于在职工中建立和发展各种兴趣爱好小组的决定》。

12 月，中华全国总工会十届二次执委会议作出《认真贯彻党的十二届三中全会精神，充分发挥工会组织在经济体制改革中的作用的决议》。

1985 年

1 月，中华全国总工会在广东省深圳市召开全国经济特区、沿海开放城市中外合资企业工会工作座谈会。

2 月，中华全国总工会颁布《职工自学成才奖励暂行条例》。

11 月 9 日至 14 日，中华全国总工会召开十届三次执委会，通过《团结奋斗，改革创新，为实现“七五”计划建功立业》的决议。

11 月，中共中央、国务院同意和确认中华全国总工会党组报送的《关于工会参加党和政府的有关会议和工作机构的请示》。

1986 年

4 月 13 日，中华全国总工会发出通知，号召全国职工积极行动起来，开展社会主义劳动竞赛。

4 月，中华全国总工会召开全国工会干部教育工作会议。

7 月，中华全国总工会与中共中央宣传部、国家经委、劳动人事部联合印发《劳动制度改革宣传提纲》。

7 月 31 日至 8 月 3 日，中华全国总工会召开全国工会职工思想政治工作会议。

9 月，中共中央、国务院颁发《全民所有制工业企业厂长工作条例》、《中国共产党全民所有制工业企业基层组织工作条例》、《全民所有制工业企业职工代表大会条例》。

1987 年

2 月，中华全国总工会发出通知，要求各地工会、产业工会动员广大职工广泛开展增产节约、增收节支运动。

7 月，中华全国总工会书记处研究如何适应当前形势，发挥工会在改革中的作用和工会自身改革问题。

8 月，中华全国总工会、国家经委等单位在北京召开全国首次班组建设优秀成果发布会。

10 月 25 日至 11 月 1 日，中国共产党第十三次全国代表大会召开。

1988 年

“五一”国际劳动节前夕，中华全国总工会通报表扬在开展技术扶贫工作中作出突出贡献的江苏、浙江、黑龙江、湖北、湖南、福建和上海 7 个省市总工会。

10 月 5 日至 9 日，中华全国总工会十届六次执委扩大会议讨论通过《工会改革的基本设想》。

10月22日至28日，中国工会第十一次全国代表大会在北京召开。

1989年

7月25日至28日，中华全国总工会召开十一届三次主席团（扩大）会议。

9月28日，中共中央、国务院在北京人民大会堂隆重召开全国劳动模范和先进工作者表彰大会。

12月21日至25日，中华全国总工会十一届二次执委会议在北京召开。

12月，中共中央印发《关于加强和改善党对工会、共青团、妇联工作领导的通知》。

1990年

2月，中宣部、国家计委、中华全国总工会联合发出《关于在企业职工中进行基本国情与基本路线教育的通知》。

3月9日至12日，中国共产党十三届六中全会通过《中共中央关于加强党同人民群众联系的决定》。

11月26日至30日，中华全国总工会在上海召开全国经济技术劳动保护工作会议。

1991年

6月26日，中共中央办公厅批转全国总工会党组《关于进一步发挥工人阶级主力军作用需要解决的几个问题的报告》。

12月，中华全国总工会第十一届四次执委会议召开。

1992年

年初，中华全国总工会于元旦春节期间开展“进万家门、知万家情、解万家难、暖万家心”的“送温暖”活动。

4月3日，修改后的《中华人民共和国工会法》正式颁布施行。

10月12日至18日，中国共产党第十四次全国代表大会召开。

1993年

9月，中华全国总工会在无锡召开全国乡镇企业工会工作会议，印发《中华全国总工会关于加强乡镇企业工会工作的意见》。

10月24日至30日，中国工会第十二次全国代表大会召开。

1994年

4月中旬，中共中央办公厅、国务院办公厅转发全国总工会上报的《关于外商投资企业劳动关系和组建工会情况的报告》。

6月23日至26日，中华全国总工会在河北省石家庄市召开十二届三次主席团会议和全国职工民主管理工作会议。

7月5日，第八届全国人民代表大会常务委员会第八次会议通过《中华人民共和国劳动法》。

7月，《中华人民共和国劳动法》颁布。

12月，中华全国总工会十二届二次执委会议通过《全国总工会关于贯彻实施〈劳动法〉的决定》。

1995年

2月，中华全国总工会下发《全国总工会关于在建立集体协商和集体合同制度中做好工会工作的意见》。

4月25日至28日，中华全国总工会在天津举行外商投资企业工会工作国际研讨会。

10月，中华全国总工会作出《全国总工会关于职工疗休养事业面向市场深化改革的决定》。

1996 年

6 月 24 日至 25 日，中华全国总工会、中共中央党校、《求是》杂志社在北京人民大会堂联合召开“全心全意依靠工人阶级的理论与实践”研讨会。

8 月 5 日，中华全国总工会协同劳动部等单位向国务院报送《关于建立城市最低生活保障制度的建议》。

8 月，中华全国总工会下发《关于工会促进失业职工再就业和企业富余职工分流安置的意见》。

9 月，中华全国总工会在青岛召开建设送温暖工程机制研讨会。

1997 年

年初，中华全国总工会印发《关于贯彻落实工会工作总体思路把建设职工之家活动提高到新水平的意见》。

8 月 28 日至 30 日，中华全国总工会在河北邯郸钢铁集团有限责任公司召开全心全意依靠职工办好企业现场经验交流会。

9 月 12 日至 18 日，中国共产党第十五次全国代表大会举行。

10 月 23 日至 27 日，全国工会改革和建设座谈会在山东齐鲁石化公司召开。

10 月，中华全国总工会和中纪委、中组部、国家经贸委等在京联合召开“实行厂务公开，加强企业民主监督民主管理”研讨会。

1998 年

5 月，中共中央、国务院召开国有企业下岗职工基本生活保障和再就业工作会议。

9 月，中华全国总工会下发《关于建立职工补充保障体系的意见》。

10月19日至24日，中国工会第十三次全国代表大会召开。

1999年

1月，由中纪委、国家经贸委、全国总工会三家联合成立全国厂务公开协调小组，下设办公室，统一协调指导全国厂务公开工作，并于4月18日至20日在天津召开全国厂务公开经验交流会。

2月，全国总工会印发《全国总工会关于加强新经济组织工会工作的意见》。

9月，中国共产党十五届四中全会通过《中共中央关于国有企业改革和发展若干重大问题的决定》。

2000年

9月，中华全国总工会印发《中华全国总工会关于加强工会会员会籍管理有关问题的暂行规定》。

10月，中华全国总工会印发《中华全国总工会关于实施群众性经济技术创新工程的意见》。

11月11日至12日，全国新建企业工会组建工作会议在浙江省宁波市召开。

2001年

2月，中华全国总工会印发《中华全国总工会关于加强新建企业工会组建工作的意见》。

8月30日至31日，全国工会援藏工作座谈会在西藏自治区拉萨市召开。

8月，中华全国总工会与劳动和社会保障部、中国企业联合会/中国企业家协会建立国家协调劳动关系三方会议制度。

10月，第九届全国人民代表大会常务委员会第二十四次会议修改《工会法》。

11月20日至21日，中华全国总工会与劳动和社会保障部、国家经贸委等单位联合在江苏省南京市召开“全国贯彻实施《劳动法》《工会法》推进集体合同、劳动合同工作经验交流会”。

2002 年

1 月 18 日，中华全国总工会召开实施送温暖工程 10 周年座谈会。中共中央总书记、国家主席江泽民为送温暖工程题词。中共中央政治局常委、中央书记处书记、中华全国总工会主席尉健行发表重要讲话。

3 月 1 日，中华全国总工会印发《关于以贯彻实施修改后的〈工会法〉为契机，确保实现 2002 年工会组建目标的通知》。

6 月，中华全国总工会在安徽合肥召开全国推进新建企业工会组建及发挥作用工作座谈会。

8 月 13 日，中华全国总工会与劳动和社会保障部、中国企业联合会/中国企业家协会印发《关于建立健全劳动关系三方协调机制的指导意见》。

11 月 8 日至 14 日，中国共产党第十六次全国代表大会召开。

12 月，中华全国总工会十三届五次执委会议召开。

2003 年

4 月，中纪委、中组部、监察部、国资委、全国总工会在北京联合召开全国厂务公开工作电视电话会议。

9 月 22 日至 26 日，中国工会第十四次全国代表大会在北京召开。

12 月 22 日，全国总工会与中央文明办等 9 个部委和人民团体联合开展的全国“创建学习型组织、争做知识型职工”活动启动仪式在北京举行。

2004 年

年初，中华全国总工会与国家安全生产监督管理局联合下发

《关于开展全国职工安全生产知识普及教育活动的通知》。

3月18日，中国职工文化体育协会成立。

7月8日，中华全国总工会印发《中华全国总工会关于组建工会和发展会员工作考核奖励办法（试行）》。

10月，中华全国总工会、中央文明办等9部委在山东省青岛市举办全国“创建学习型组织、争做知识型职工”活动现场推进会。

12月，中华全国总工会十四届二次执委会议提出“组织起来，切实维权”的工作方针。

2005年

7月4日，中华全国总工会十四届六次主席团会议通过《关于坚持走中国特色社会主义工会发展道路的决议》。

7月，中华全国总工会发出《关于动员全国职工为建设节约型社会做贡献的通知》。

9月，全国工会维权机制建设经验交流会在浙江省义乌市召开。

11月30日，中华全国总工会印发《关于推进地方工人文化宫俱乐部改革与发展的意见》。

12月，中华全国总工会十四届三次执委会议作出《中华全国总工会关于加强协调劳动关系、切实维护职工合法权益、推动构建社会主义和谐社会的决定》。

2006年

2月，中华全国总工会发出《中华全国总工会关于在职工中广泛开展“当好主力军，建功‘十一五’，和谐奔小康”竞赛活动的通知》。

3月31日，国家协调劳动关系三方下发《关于印发〈全面推进劳动合同制度实施三年行动计划〉的通知》。

5月23日，中华全国总工会联合教育部、劳动和社会保障部、文化部以及国家广电总局在北京举行“向农民工送文化行动”启动仪式。

8月28日，全国工会干部教育培训工作电视电话会议在北京召开。

8月30日，中宣部、全国总工会、科技部、交通部、中共上海市委在北京人民大会堂举行包起帆同志科技创新先进事迹报告会。

12月，中华全国总工会十四届十一次主席团（扩大）会议明确中国特色社会主义工会维权观的核心是“以职工为本，主动依法科学维权”。

2007年

6月，中华全国总工会与国家体育总局在上海联合主办全民健身与奥运同行——2007年全国职工乒乓球大赛。

8月，全国总工会和国家发改委等部委联合下发《关于印发节能减排全民行动实施方案的通知》。

10月15日至21日，中国共产党第十七次全国代表大会召开。

年底，中华全国总工会书记处研究决定用三年时间在全国重点扶持建设3000个职工书屋示范点。

2008年

1月7日，“2008’经济全球化与工会”国际论坛在北京召开。

1月18日，中华全国总工会印发《关于开展全国工会“职工书屋”建设的实施意见》。

3月，中华全国总工会开展“全国职工节能减排活动月”活动。

6月29日，全国工会就业帮扶爱心行动在四川绵阳启动。

10月17日至21日，中国工会第十五次全国代表大会召开。

10月21日，胡锦涛总书记在人民大会堂同全国总工会新一届领导班子成员和中国工会十五大部分代表座谈并发表重要讲话。

2009年

2月17日，中华全国总工会召开全国工会“千万农民工援助行动”电视电话会议。

4月28日，中华全国总工会召开庆祝“五一”国际劳动节暨保增长促发展劳动竞赛推进大会。

4月，中华全国总工会举办“时代领跑者——新中国成立以来最具影响的劳动模范”评选活动。

7月9日，中华全国总工会发布《关于积极开展行业性工资集体协商工作的指导意见》。

2010年

2月23日，中共中央政治局委员、全国人大常委会副委员长、中华全国总工会主席王兆国在全国总工会第十五届五次主席团（扩大）会议上，首次提出中国工人伟大品格的概念和内涵。

4月27日，全国劳动模范和先进工作者表彰大会在人民大会堂隆重举行。

7月26日，中华全国总工会十五届四次执委会议通过《关于深入学习劳模精神、大力弘扬中国工人阶级伟大品格的决议》。

本年，中华全国总工会制定《工会参与劳动争议处理工作三年规划》。

2011年

1月，中华全国总工会发布《中华全国总工会2011—2013年推动企业普遍建立工会组织工作规划》、《中华全国总工会2011—2013年深入推进工资集体协商工作规划》。

5月3日，中华全国总工会印发《关于建立健全职工法律援助等维权服务长效机制的意见》。

6月2日，全国工会干部教育培训工作会议在北京召开。

6月30日，中华全国总工会举办的“永远跟党走——庆祝中国共产党成立90周年”图片展开幕式在北京国家博物馆举行。

8月15日至16日，全国总工会、人力资源和社会保障部、全国工商联、中国企业联合会、中央宣传部联合在北京举行全国构建和谐劳动关系先进表彰暨经验交流会。

11月15日，中华全国总工会召开全国工会职工思想政治工作视频会议。

2012年

1月，中华全国总工会在人民大会堂举行全国工会送温暖活动开展20周年、困难职工帮扶中心建设10周年座谈会。

6月，中华全国总工会发出《关于深入推进全国工会“面对面、心贴心、实打实服务职工在基层”活动的通知》。

第四章　中国特色社会主义新时代的工人运动

习近平总书记2020年11月24日在全国劳动模范和先进工作者表彰大会上发表重要讲话，深刻指出党的十八大以来，全国总工会及各级工会认真贯彻党中央关于工人阶级和工会工作的重要论述，坚持走中国特色社会主义工会发展道路，组织动员广大职工建功立业，做好维权服务工作，推进工会系统自身改革，深化产业工人队伍建设改革，全面加强工会系统党的建设，取得了新的显著成效。这是对工会工作的充分肯定，对工会干部的极大鼓舞和鞭策。党的十八大以来，各级工会在以习近平同志为核心的党中央坚强领导下，以习近平新时代中国特色社会主义思想为指导，贯彻习近平总书记关于工人阶级和工会工作的重要论述，围绕中心、服务大局，守正创新、攻坚克难，走出了一段激越奋进的实践历程。

第一节　坚持自觉接受党的领导

中国共产党领导是中国特色社会主义最本质的特征，是中国特色社会主义制度的最大优势，是党和国家的根本所在、命脉所在，是全国各族人民的利益所系、命运所系。习近平总书记在党的二十大报告中将坚持和加强党的全面领导作为必须把握的“五个重大原则”之一，强调要坚决维护党中央权威和集中统一领导，把党的领导落实到党和国家事业各领域各方面各环节，进一步凸显了党的领导的极端重要性。党的十八大以来，习近平总书记多次就工会自觉接受党的领导作出重要指示、提出明确要求，鲜明提出坚持党的领导，是做好党的群团工作的根本保证，是必须坚持的正确政治方向，强调工会工作是党的群团工作、群众工作的重要组成部分，是党治国理政的一项经常性、基础性工作，工会工作做得好不好、有没有取得明显成效，关键看有没有坚持正确政治方向。坚持正确政治方向，一言以蔽之，就是要坚持中国共产党领导和社会主义制度。只有坚持党的领导，工会工作才能方向明确、不走偏路，才能做得有声有色、扎实有效。我们党把加强党对工会的领导和改进党对工会的领导结合起来，不断完善领导方式，2015 年 1 月 8 日，中共中央印发《关于加强和改进党的群团工作的意见》；7 月 6 日，党中央首次召开中央党的群团工作会议，深刻阐明了党的群团工作的一系列重大理论和实践问题；2017 年 10 月，党的十九大对推动工会等群团组织增强政治性、先进性、群众性提出明确部署；2018 年 10 月，党中央在中国工会十七大上致词，党对工会工作的领导得到全面加强；2022 年 10 月，党的二十大强调，党的领导是全面的、系统的、整体的，必须全面、系统、整体加以落实，这为工会坚持党的领导进一步指明了方向。

中国工会作为中国共产党领导的工人阶级群众组织，在坚持党的领导这个根本问题上头脑清醒、立场坚定、行动坚决，始终坚持以习近平新时代中国特色社会主义思想为指导，切实采取有力举措把坚持党的领导落实到工会工作各方面、全过程。

一、深入学习贯彻习近平总书记关于工人阶级和工会工作的重要论述

党的十八大以来，国内外形势新变化和实践新要求，迫切

需要我们从理论和实践的结合上深入回答关系党和国家事业发展、党治国理政的一系列重大时代课题。我们党勇于进行理论探索和创新，以全新的视野深化对共产党执政规律、社会主义建设规律、人类社会发展规律的认识，取得重大理论创新成果，集中体现为习近平新时代中国特色社会主义思想。这一思想是从新时代中国特色社会主义全部实践中产生的理论结晶，是推动新时代党和国家事业不断向前发展的科学指南，是引领中国、影响世界的当代中国马克思主义、二十一世纪马克思主义，也是新时代工运事业和工会工作的根本遵循，是各级工会组织和广大工会干部的强大思想武器。习近平总书记高度重视工会工作，多次发表重要讲话、作出重要指示，为推动新时代工运事业和工会工作创新发展指明了前进方向、提供了根本遵循。2013 年 4 月 28 日，习近平总书记亲临全国总工会机关与劳模亲切座谈；2015 年 4 月 28 日，出席庆祝“五一”国际劳动节暨表彰全国劳动模范和先进工作者大会并发表重要讲话；2016 年 4 月 26 日，主持召开知识分子、劳动模范、青年代表座谈会；2018 年 4 月 30 日，给中国劳动关系学院劳模本科班学员回信；2020 年 4 月 30 日，给郑州圆方集团全体职工回信；2020 年 11 月 24 日，出席全国劳动模范和先进工作者表彰大会并发表重要讲话；2021 年“五一”前夕，向全国广大劳动群众致以节日祝贺和诚挚慰问；2022 年 4 月 27 日，向首届大国工匠创新交流大会致贺信，对广大技能人才和劳动模范表示祝贺和问候；等等。习近平总书记在传承马克思主义劳动学说和工运学说，毛泽东、邓小平、江泽民、胡锦涛等党和国家领导人关于工会必须自觉接受党的领导、始终坚持全心全意依靠工人阶级方针、重视发挥工会组织的作用等重大问题的理论观点的基础上，结合新时代特征和工会工作实际进行了一系列创新，形成了习近平总书记关于工人阶级和工会工作的重要论述，成为习近平新时代中国特色社会主义思想的重要组成部分，开辟了党的工运理论新境界。全国人大常委会副委员长、中华全国总工会主席王东明在中国工会十七大报告中，用“八个坚持”对习近平总书记关于工人阶级和工会工作的重要论述的基本内涵作了提炼、概括和阐释，即坚持党对工会工作的领导；坚持全心全意依靠工人阶级；坚持为实现中华民族伟大复兴的中国梦而奋斗；坚持中国特色社会主义工会发展道路；坚持弘扬劳模精神、劳动精神、工匠精神；坚持高举维护职工合法权益旗帜；坚持增强政治性、先进性、群众性的工会改革方向；坚持加强基层工会建设。这“八个坚持”，相互联系、有机结合、密不可分，共同构成了一个整体，其关键是坚持党的领导，根本是增强政治性、先进性、群众性，重点是维护职工权益、服务职工群众。重要论述开创性地提出加强和改进新形势下党的群团工作，最重要的是要保持和增强政治性、先进性、群众性；强调引导职工群众听党话、跟党走，是工会组织的政治责任；首次明确劳模精神、劳动精神、工匠精神的科学内涵和重要意义；拓展工会的基本职责；重视构建中国特色和谐劳动关系；重视推进产业工人队伍建设改革和工会改革；等等。把我们党对工运事业和工会工作的规律性认识提升到一个新高度，为推进新时代党的工运事业和工会工作高质量发展奠定了理论基础，展现出强大真理力量和实践力量，是推进工运事业和工会工作的根本遵循和行动指南。中国工会十七大报告中，还用“四个立足”提出了习近平总书记关于工人阶级和工会工作的重要论述的实践要求，即立足新时代中国特色社会主义新方位，在实现党的十九大描绘的宏伟蓝图中贡献力量；立足社会主要矛盾新变化，在不断满足职工群众美好生活需要中担当作为；立足共建共治共享社会治理新格局，在推动构建中国特色和谐劳动关系中履职尽责；立足全面深化改革新阶段，在构建联系广泛、服务职工的工会工作体系中开拓创新。这“四个立足”是学习宣传贯彻重要论述的重要着力点。

各级工会坚持把学懂弄通做实习近平新时代中国特色社会主义思想和党的十八大、十九大、二十大精神作为首要政治任务，坚持原原本本学、全面系统学，自觉主动学、及时跟进学，联系实际学、融会贯通学，通过召开党组会议、机关干部大会、专题座谈会、组织宣讲团，印发学习宣传贯彻通知，举办专题培训班和机关干部研修班等，结合学习《习近平谈治国理政》第一、二、三、四卷和《习近平新时代中国特色社会主义思想学习问答》等，切实提高运用党的创新理论解决实际问题的能力，把学习成效转化为谋划和推进工运事业和工会工作的思路举措，深刻领悟“两个确立”的决定性意义，不断增强“四个意识”、坚定“四个自信”、做到“两个维护”。加大对习近平总书记关于工人阶级和工会工作的重要论述的学习研究阐释力度，全国总工会于2018年、2020年先后两次编印学习《习近平关于工人阶级和工会工作论述摘编》，组织编写《深入学习贯彻习近平总书记关于工人阶级和工会工作的重要论述》。王东明同志每年主持召开理论研讨会、座谈会，形成了工会的特色活动和制度性安排，探索走出工会理论研究新路子，学习贯彻重要论述，取得重要理论成果和实践成效。

二、健全贯彻落实习近平总书记重要指示批示精神和党中央重大决策部署工作制度

完善党组（党委）会议“第一议题”制度，严格对党中央负责、向党中央请示报告的制度安排，做到重大事项、重大问题及时请示报告。建立健全工会落实不忘初心、牢记使命的制度，巩固深化“不忘初心、牢记使命”主题教育成果，把不忘初心、牢记使命作为工会干部的终身课题，形成长效机制，锤

炼忠诚、干净、有担当的政治品格。自觉把工会置于党的领导之下，站稳政治立场，把准政治方向，把坚决按照《中国工会章程》和有关法律法规独立自主开展工作同自觉接受党的领导紧密结合起来，把维护职工群众具体利益同维护全国人民根本利益紧密结合起来，把服务职工、维护职工合法权益同组织职工、教育引导职工紧密结合起来，始终做到与时代发展同步伐、与改革开放共命运、与党和职工群众心连心。

三、坚定不移地走中国特色社会主义工会发展道路

深刻认识坚持和拓展中国特色社会主义工会发展道路，是党和国家赋予工会组织的光荣职责，也是一项长期而艰巨的任务，不断增强坚持和拓展这条道路的责任心和使命感，按照党中央关于坚持和拓展中国特色社会主义工会发展道路的要求，结合坚持中国特色社会主义群团发展道路，深刻理解坚持和拓展这条道路的历史必然性和现实必要性，深入学习、广泛宣传、自觉遵循这条道路，并在实践中继承和坚持、丰富和发展这条道路，使中国特色社会主义工会发展道路越走越宽广。

四、积极争取各级党委加强和改进对工会的领导

积极争取各级党组织把工会工作摆上重要位置，将工会组织建设纳入党建总体格局，健全党建带工建的领导机制和工作制度。坚持工会接受同级党委和上级工会双重领导、以同级党委领导为主的组织领导体制，健全全国总工会党组向党中央、各级工会党组织向同级党委请示报告工作制度，做到重大事项、重大问题及时请示报告。适应形势发展，推动各级党委改进对工会组织的领导，研究解决工会工作中的重大问题，根据工会组织特点，注重从实际出发，努力调动工会干部的积极性，广泛组织动员群众，为工会组织开展工作留出创造性空间，支持

工会依法依章程创造性开展工作。积极争取各级党委选好配强工会组织的领导班子，指导工会加强领导班子和干部队伍建设，推动建设一支高素质专业化的工会干部队伍，加大培养力度，切实提高工会干部的工作积极性和履职尽责的能力水平。争取党委、政府从政策、资金、项目等方面，加大对工会组织的投入，切实改善工会组织的工作条件，为工会更好地服务职工群众提供必要的物质保障。

实践证明，正是由于有以习近平同志为核心的党中央的坚强领导和亲切关怀，正是由于有党的创新理论的思想武装和科学指引，工运事业和工会工作才得以保持正确政治方向，屡创佳绩、行稳致远。工会要永远保持自觉接受党的领导这一优良传统，在坚持党的领导这个根本问题上旗帜鲜明、立场坚定，坚持深学笃用习近平新时代中国特色社会主义思想，结合学习习近平总书记关于工人阶级和工会工作的重要论述，不断提高政治判断力、政治领悟力、政治执行力，深刻领悟“两个确立”的决定性意义，增强“四个意识”、坚定“四个自信”、做到“两个维护”，始终自觉在思想上政治上行动上同以习近平同志为核心的党中央保持高度一致，切实把党的领导落实到广大职工群众中去，巩固和发展党执政的阶级基础和群众基础。

第二节　加强思想政治引领

思想政治工作是党的优良传统、鲜明特色和突出政治优势，是一切工作的生命线。加强和改进思想政治工作，事关党的前途命运，事关国家长治久安，事关民族凝聚力和向心力。党的十八大以来，以习近平同志为核心的党中央高度重视思想政治工作，习近平总书记亲自谋划、亲自部署、亲自推动，对事关党的思想政治工作长远发展的重大理论和现实问题作出重要论述，提出一系列新观点新论断新要求，思想政治工作有效发挥了统一思想、凝聚共识、鼓舞斗志、团结奋斗的重要作用，全党全社会思想上的团结统一更加巩固，我国意识形态领域形势发生了全局性、根本性的转变。党中央采取一系列重大举措推进思想政治工作，2015 年中办颁布《党委（党组）意识形态工作责任制实施办法》，2017 年 4 月中共中央、国务院出台《新时期产业工人队伍建设改革方案》，将产业工人队伍思想政治建设作为第一位的任务。2019 年中办、国办制定《关于加强和改进新时代产业工人队伍思想政治工作的意见》，2021 年 4 月中共中央、国务院出台《关于新时代加强和改进思想政治工作的意见》，明确了新时代加强和改进思想政治工作的指导思想、方针原则、重要举措、方式方法和工作格局。做好职工思想政治工作，团结引导广大职工听党话、跟党走，是工会组织必须履行好的政治责任。2018 年 10 月 29 日，习近平总书记同全国总工会第十七届领导班子成员集体谈话时，突出强调要加强职工思想政治引领，指出把职工群众团结引导好没有什么捷径妙招，关键是深入细致做好思想政治工作，要求工会要适应新形势新任务，加强和改进职工思想政治工作，多做组织群众、宣传群众、教育群众、引导群众的工作，多做统一思想、凝聚人心、化解矛盾、增进感情、激发动力的工作，更好强信心、聚民心、暖人心，使广大职工在理想信念、价值理念、道德观念上紧紧团结在一起。2022 年 10 月 16 日，习近平总书记在党的二十大报告中指出，推动理想信念教育常态化制度化，持续抓好党史、新中国史、改革开放史、社会主义发展史宣传教育，引导人民知史爱党、知史爱国，不断坚定中国特色社会主义共同理想。坚持依法治国和以德治国相结合，把社会主义核心价值观融入法治建设、融入社会发展、融入日常生活。这为做好职工思想政治工作提出新的更高要求、提供了根本遵循。

党的十八大以来，随着经济社会快速发展、社会主要矛盾发生变化，我国职工队伍结构深刻调整，在利益诉求、价值取向、思想观念上呈现多元多样多变的新特征，给新时代职工思想政治工作带来新的挑战。各级工会高度重视职工思想政治引领，按照党中央要求，严格落实意识形态工作责任制，坚持守正创新，花更大的精力、投入更多的资源加强职工思想政治工作，职工思想政治引领的内容和形式更加丰富，机制逐步完善，社会影响不断扩大，不断筑牢广大职工共同奋斗的思想基础。

一、以党的创新理论武装职工

坚持用习近平新时代中国特色社会主义思想引领广大职工，以“中国梦·劳动美”为主题，结合迎接党的十九大、纪念抗战胜利70周年、建党95周年、长征胜利80周年、建军90周年、改革开放40周年、新中国成立70周年、中国共产党成立100周年，深入开展“永远跟党走”、“喜迎党的十九大”、“砥砺奋进的五年”、“圆梦中国人”、“与共和国同成长、与新时代齐奋进”、“决胜小康奋斗有我”、“永远跟党走、奋进新征程”、“中国梦·劳动美——喜迎二十大建功新时代”等宣传教育活动，每次都吸引了上亿职工参与。建立健全企业班组常态化学习制度，充分发挥学习强国、学习强会、职工书屋、产业工人学习社区等平台作用，通过理论宣讲、劳模宣讲、演讲比赛、知识竞赛等方式，把“大学习”的课堂搬到工厂车间、生产一线、发展前沿，推动习近平新时代中国特色社会主义思想进企业、进车间、进学校、进教材、进头脑。深入开展党史学习教育，加强党史、新中国史、改革开放史、社会主义发展史宣传教育，带动中国工运史学习，充分发挥红色资源作用，大力弘扬红色文化，引导职工群众深刻认识中国共产党为什么能，中国特色社会主义为什么好，归根到底是马克思主义行，是中国化时代化的马克思主义行，自觉传承红色基因，赓续红色血脉，汲取不懈奋斗的强大精神力量。根据青年职工、农民工、新就业形态群体等的差异化需求，采用启发式、案例式、体验式方法，用“小故事”讲“大道理”，让党的创新理论“飞入寻常百姓家”。

二、以先进文化培育职工

坚持以社会主义核心价值观为引领，用中国特色社会主义共同理想教育引导职工，用中华优秀传统文化、革命文化和社会主义先进文化滋养职工心灵，打造“工”字系列职工文化特色品牌，构建圈层式职工文化服务网络，广泛开展职工群众喜闻乐见、寓教于乐的文化体育活动，把思想引领融入职工文化建设中。开展以劳动创造幸福为主题的宣传教育，突出劳动教育，大力弘扬劳模精神、劳动精神、工匠精神，持续开展全国职工职业道德建设评选表彰活动。加强以职业道德为重点的“四德”建设，引导职工积极参与群众性精神文明创建活动，把社会主义核心价值观融入广大职工的政治立场、价值追求、职业操守、精神境界。联合发布宣传全国“最美职工”，推出“大国工匠年度人物”、“大国工匠”宣传片等，开展“中国梦·大国工匠篇”大型主题宣传活动，组织劳模进校园、进企业，开展“大国工匠进校园”活动。广泛开展“培育好家风——女职工在行动”主题实践活动，深入推进家庭文明建设。每年举办“五一”特别节目及大型职工文艺演出和进企业主题文艺巡演，从2016年起开展“网聚职工正能量 争做中国好网民”主题活动，活动总浏览量达到2亿人次，覆盖职工人数超过2.6亿人，占职工总数的近三分之一。坚持公益性、服务性方向，办好用好工会报刊网络、出版社、工人文化宫、职工院校、职工书屋、工运纪念设施、劳模公园等阵地，培养一支专兼结合的职工文艺队伍，挖掘和推广一批职工文化项目，培育和创作思想性高、艺术性强、社会影响大、群众口碑好的精品力作，建设职工群众共有的精神家园。从 2017 年开始，全国总工会每年举办一届全国工会职工书屋主题阅读交流活动，已成为影响日益广泛的工会品牌活动。走好网上群众路线，打造网上职工之家，增加网络文化产品供给，充分运用职工喜欢和熟悉的时尚元素、话语体系，为职工提供精准化、订单式、多层次文化服务。积极培育叫响职工志愿服务品牌，广泛开展学雷锋志愿服务活动。

三、以正确舆论引导职工

紧紧围绕党和国家中心工作，坚持正确的政治方向、舆论导向、价值取向，以团结稳定鼓劲、正面宣传为主，把握好“时度效”，把职工思想政治工作融入主题宣传、形势宣传、政策宣传、成就宣传、典型宣传中，落实到工会报刊、网络、新媒体中，大力宣传以习近平同志为核心的党中央对工人阶级的高度重视和亲切关怀，深入宣传亿万职工凝心聚力、建功立业的火热实践，广泛宣传工会服务职工、改革创新的积极作为，讲好中国工人阶级故事、劳模工匠故事、中国工会故事，提高工会新闻舆论传播力、引导力、影响力、公信力。适应互联网传播和分众化趋势，着力加强网上引领，推动工会媒体融合向纵深发展，构建全媒体传播体系。严格落实意识形态工作责任制，牢牢掌握工会意识形态工作领导权，全国总工会研究制定贯彻落实意识形态工作责任制的具体实施意见，压实属地管理和主管主办责任；全国总工会各相关部门和单位建立起贯彻落实意识形态工作责任制的工作机制。2016 年以来，全国总工会党组定期开展专题督查，向党中央专题报告落实意识形态工作责任制情况。加强工会意识形态阵地管理，开展全国总工会主管期刊的审读工作，积极稳妥加强舆情引导，敢于和善于发声亮剑，筑牢工会意识形态安全“护城河”、“防火墙”，工会意识形态工作得到进一步加强。每年开展全国职工队伍思想状况调研，研究和把握职工思想政治工作的特点和规律。因地制宜开展特色活动，提高职工思想政治工作的针对性和实效性。

实践证明，工会是直接做职工群众工作的，教育职工是工会社会职能之一，职工思想政治工作是工会工作的重要内容。工会有健全的组织体系，有强大的动员能力，做好职工的思想政治引领使命在肩。要充分发挥工会组织的政治优势、组织优势、工作优势，加强和改进新时代职工思想政治工作，形成齐抓共管、整体推进的工作局面，在广大职工中凝聚起团结奋进的强大力量。

第三节　把握工运时代主题

我国工人运动是在党直接领导下发展起来的，党在不同历史时期的中心任务就是工会组织的奋斗目标。2012 年 11 月 29 日，党的十八大闭幕不久，习近平总书记在参观《复兴之路》展览时深情指出：现在，我们比历史上任何时期都更接近中华民族伟大复兴的目标，比历史上任何时期都更有信心、有能力实现这个目标。现在，大家都在讨论中国梦，我以为，实现中华民族伟大复兴，就是中华民族近代以来最伟大的梦想。此后，他又在十二届全国人大一次会议上系统阐发了这个思想，在同全国劳动模范代表、各界优秀青年代表座谈时，在出访和接受国外媒体采访等很多重要场合，都对中国梦进行了深刻阐述。习近平总书记在党的十九大上作出中国特色社会主义进入了新时代的重大政治论断，指出新时代是全体中华儿女勠力同心、奋力实现中华民族伟大复兴中国梦的时代。在党的二十大上明确新时代新征程中国共产党的中心任务就是团结带领全国各族人民全面建成社会主义现代化强国、实现第二个百年奋斗目标，以中国式现代化全面推进中华民族伟大复兴。中国梦表达了包括工人阶级在内的全体人民的共同追求。2013 年 4 月 28 日，习近平总书记亲临全国总工会机关，同来自全国各地、各行各业的全国劳模代表座谈，同庆“五一”节、共话中国梦。习近平总书记热情赞扬工人阶级的历史功绩，深刻阐述了发挥工人阶级主力军作用与实现中国梦的内在联系，指出在迈向未来的征程上，我们必须充分发挥中国工人阶级的重要作用，焕发他们的历史主动精神，调动劳动和创造的积极性。2013 年 10 月 18 日，中国工会十六大《高举旗帜 改革创新 团结动员亿万职工在实现中国梦历史进程中充分发挥主力军作用》的报告，明确提出了为实现中华民族伟大复兴的中国梦而奋斗这个我国工人运动的时代主题。同年 10 月 23 日，习近平总书记与全国总工会第十六届领导班子成员集体谈话，充分肯定了中国工会十六大确定的为实现中华民族伟大复兴的中国梦而奋斗的工人运动时代主题。在 2015 年 4 月 28 日庆祝“五一”国际劳动节暨表彰全国劳动模范和先进工作者大会上，习近平总书记指出，我国工人阶级和广大劳动群众要增强历史使命感和责任感，立足本职、胸怀全局，自觉把人生理想、家庭幸福融入国家富强、民族复兴的伟业之中，把个人梦与中国梦紧密联系在一起，把实现党和国家确立的发展目标变成自己的自觉行动。2018 年 10 月 22 日，中国工会十七大再次明确，为实现中华民族伟大复兴的中国梦而奋斗是我国工人运动的时代主题，并将其作为习近平总书记关于工人阶级和工会工作的重要论述“八个坚持”中的重要组成部分。同年 10 月 29 日，习近平总书记在同全国总工会第十七届领导班子成员集体谈话时强调，我国广大职工要牢牢把握为实现中国梦而奋斗的时代主题，把自身前途命运同国家和民族前途命运紧紧联系在一起，把个人梦同中国梦紧密联系在一起，把实现党和国家确立的发展目标变成自己的自觉行动，爱岗敬业、争创一流，以不懈奋斗书写新时代华章，共同创造幸福生活和美好未来。2020 年 11 月 24 日，习近平总书记在全国劳动模范和先进工作者表彰大会上指出，要发扬优良传统，承担历史使命，把党和国家确定的奋斗目标作为自己的人生目标，以民族复兴为己任，自觉把人生理想、家庭幸福融入国家富强、民族复兴的伟业之中，做新时代的追梦人。2021 年“五一”前夕，习近平总书记向全国广大劳动群众致以节日的祝贺和诚挚的慰问，希望广大劳动群众大力弘扬劳模精神、劳动精神、工匠精神，勤于创造、勇于奋斗，更好发挥主力军作用，满怀信心投身全面建设社会主义现代化国家、实现中华民族伟大复兴中国梦的伟大事业。这极大地激发了全国亿万职工奋斗的信心和决心，也为工会组织团结动员广大职工焕发主人翁精神、发挥主力军作用、在党和国家工作大局中发挥更大作用，提供了有利契机。

党的十八大以来，各级工会团结带领广大职工以高度的主人翁责任感和历史使命感，始终走在时代前列，踊跃投身改革发展，用劳动筑梦，以实干圆梦，为推进中国特色社会主义伟大事业作出了重要的历史贡献。

一、广泛深入持久开展劳动和技能竞赛

围绕统筹推进“五位一体”总体布局、协调推进“四个全面”战略布局，聚焦深化供给侧结构性改革、打好三大攻坚战、推动高质量发展、建设现代化经济体系、构建新发展格局，全国总工会制定印发《中华全国总工会 2016—2020 年劳动和技能竞赛规划》，组织职工以国家重大战略、重大工程、重大项目、重点产业等为主攻方向，以“当好主力军、建功‘十二五’”、

“践行新理念、建功‘十三五’”、“当好主人翁、建功新时代”、“建功‘十四五’、奋进新征程”为主题，开展全国引领性劳动和技能竞赛，部署开展“凝心聚力决胜小康”行动。这一时期，全国20个省（区、市）总工会和4个全国产业工会共开展全国引领性劳动和技能竞赛项目56个，超过10万家企业、1000万名职工参与竞赛。在金沙江水电开发、港珠澳大桥等工程建设中开展重大工程劳动和技能竞赛；在上海浦东新区、天津滨海新区等8个国家级新区开展了促进区域发展劳动和技能竞赛；开展了多种形式的职工节能减排活动，加强职工节能减排义务监督员队伍建设，开展以创建“工人先锋号”为载体的班组竞赛活动。主办全国职工职业技能大赛，参与主办全国数控技能大赛、全国智能制造应用技术技能大赛、全国工业机器人技术应用技能大赛等，制定落实《中华全国总工会关于进一步开展非公企业劳动竞赛的意见》，竞赛从传统产业向战略性新兴产业、现代服务业延伸。针对新冠肺炎疫情带来的影响，各地工会还借助“互联网+”、大数据等新载体，大力开展夺取疫情防控和经济社会发展双胜利主题竞赛，“云竞赛”不断涌现。全国总工会先后印发了《重大工程建设劳动和技能竞赛工作指南》、《关于进一步加强劳动和技能竞赛绩效评估工作的通知》等，指导省（区、市）总工会建立了竞赛评估机制，并发布《企业劳动和技能竞赛绩效评估指标体系（试行）》，推动竞赛工作不断深化。

二、不断深化群众性创新活动

各级工会围绕制造强国战略、创新驱动发展战略，广泛开展合理化建议、技术攻关、技术革新、发明创造等群众性创新活动。举办创业创新国际博览会，组织开展全国职工创新成果评选表彰、全国职工优秀技术创新成果交流活动，主办618海峡两岸职工创新成果展、“大国工匠——高技能领军人才”论坛；下发《职工创新补助资金管理办法》，截至2022年7月，补助职工创新项目248个共4115万元。全国总工会印发《关于广泛深入持久开展“五小”活动的指导意见》，各级工会结合实际狠抓落实，深入推进“五小”活动，极大激发了职工创新创造的热情。深化劳模和工匠人才创新工作室、创新工作室联盟、新时代工匠学院建设，全国总工会先后制定印发了《关于进一步深化劳模和工匠人才创新工作室创建工作的意见》、《全国示范性劳模和工匠人才创新工作室命名管理工作暂行办法》，共命名全国示范性劳模和工匠人才创新工作室297家，为劳模和工匠人才传播劳动技能、创新方法、管理经验搭建了平台。

三、积极推进产业工人队伍建设改革

根据党中央部署，全国总工会牵头，会同有关部门起草《新时期产业工人队伍建设改革方案》。2017年4月，中共中央、国务院颁布《新时期产业工人队伍建设改革方案》后，全国总工会迅即全方位、多频道同步开展宣传工作，广泛传递党中央关于推进产业工人队伍建设改革的决策部署，引导全社会关心支持和参与产业工人队伍建设改革。在中央改革办的指导下，全国总工会认真履行牵头职责，主动与相关部委沟通协商，做好宏观指导、政策协调、组织推进、督促检查工作。聚焦产业工人思想引领、建功立业、素质提升、地位提高、队伍壮大等重点任务，畅通产业工人发展通道，推动技能要素参与分配政策的落实，致力于造就一支有理想守信念、懂技术会创新、敢担当讲奉献的宏大的产业工人队伍。会同有关部委制定和推动出台《关于提高技术工人待遇的意见》、《关于推行终身职业技能培训制度的意见》等配套文件，制定改革进展情况、典型经验、制度文件、试点项目、重点任务清单，推进政策衔接和落地。召开了全国推进产业工人队伍建设改革工作电视电话会议、推进产业工人队伍建设改革协调小组会、全国推进产业工人队伍建设改革工作经验交流会，举办了深化产业工人队伍建设改革专题培训班，部署开展“产业工人队伍建设改革深化年”、“产业工人队伍建设改革提升年”活动，启动第一批、第二批试点工作，加大对各省（区、市）指导力度，着手健全产业工人队伍建设改革各项工作机制，加强对产业工人队伍建设改革工作和典型经验的宣传报道，扩大社会影响。各省（区、市）工会积极推动党委和政府抓好贯彻落实《新时期产业工人队伍建设改革方案》工作，31 个省（区、市）成立了领导机构，出台了实施方案和系列政策制度，认真抓好任务落实。2018 年全国五一劳动奖章评选中首次将产业工人单列，占比达 41.6%。

四、大力提升职工技术技能素质

围绕人才强国战略，实施职工素质建设工程五年规划，制定下发意见，明确要求各级工会把普遍提高技术工人技能素质与培养高技能创新领军人才相结合。与科技部合作实施高技能领军人才境外培训计划，组织三届“安康杯”竞赛。推动完善现代职业教育制度，改革职业技能培训制度，改进产业工人技能评价方式，统筹发展好职业院校教育和职业培训，推动产教融合协同育人工作向更大范围拓展。依托企业建设一批产业工人技能实训基地，着力畅通产业工人职业发展通道，源源不断输送高技能人才。建设产业工人基础数据库、产业工人网络教育学院，上线“技能强国-全国产业工人学习社区”，支持鼓励线上职业技能培训，常态化开展各产业、行业劳模工匠技能直播，激励了更多职工特别是青年职工走技能成才、技能报国之路，全国技能劳动者（技术工人）超过2亿人，高技能人才超过5000万人。各级工会在劳模选树、评选表彰工作中，认真履行规定程序、严把人选审查推荐关，切实做到公开公平公正，确保推荐人选质量。从2015年开始，再次由中共中央、国务院表彰全国劳模，2012年至2020年先后涌现出3753名全国劳模、1708名全国先进工作者。

五、统筹推动疫情防控和复工复产工作

2020年面对突如其来的新冠肺炎疫情，各级工会把疫情防控工作作为最重要最紧迫的工作来抓，坚决贯彻落实习近平总书记关于疫情防控的重要讲话和重要指示精神，迅速成立应对疫情工作机构，印发系列通知、发出倡议书，形成了全国工会一盘棋的格局。特别是湖北省各级工会勇于担当、主动作为，全面落实联防联控措施。广大工会干部冲锋在前、下沉一线，为构筑群防群治人民防线作出了重要贡献。组织动员企业职工生产应急药品、医疗器械、防护用品，全力抓好生产，保障产品供应；引导医疗卫生战线职工在医疗救护、科研攻关、基础预防等岗位发挥关键作用；引导交通、通信、物流、服务保障等疫情防控一线职工立足岗位，确保供水、供电、供气和交通运转有序。就疫情防控、慰问一线职工、帮扶困难职工、有序复工复产、构建和谐劳动关系、缓解中小企业经营压力等方面积极开展工作，出台了一批务实有效的政策举措。设立疫情防控专项经费并规范使用管理，多方筹集抗疫物资，加强对口支援。督促落实一线医务人员和职工安全防护措施和待遇保障，将新冠肺炎纳入职工互助保障重大疾病范畴。提供志愿服务，向基层单位赠送防疫知识读本。开通心理援助专线、网络微课堂，开展“启明灯”项目，做好职工心理健康服务。开展温暖北京援助鄂汉医务人员家庭的“筑湾”活动等，为疫情防控一

线职工及其家庭协调解决实际困难。联合印发稳定劳动关系支持企业复工复产的意见等，推动落实援企稳岗政策，开通“工会就业服务号”，配合有关部门开通点对点专车、专列、专机，有序组织职工返岗复工。

实践证明，工会只有观大势、谋大局、抓大事，把自身工作与党领导的伟大事业紧密联系在一起，团结动员职工群众为完成党的中心任务贡献力量，才能在危机中育先机、于变局中开新局。工会要立足“两个大局”，心怀“国之大者”，准确把握新发展阶段，深入贯彻新发展理念，推动构建新发展格局，找准工作切入点和着力点，团结引导广大职工为国家富强、民族复兴、人民幸福贡献智慧和力量。

第四节　履行维权服务基本职责

工会是经济关系、劳动关系矛盾的产物，工会要赢得职工群众的信赖和支持，就必须做好维护职工群众切身利益的工作，促进社会公平正义，使改革发展成果更多更公平惠及职工群众。工会的基本职责是工会履行各项社会职能的基础工作和首要任务；认真履行基本职责，发挥好协调劳动关系的作用，健全劳动关系协调机制，及时正确处理劳动关系矛盾，是工会组织和工会工作必须长期坚持和遵循的重要依据，更是工会组织安身立命之本。以习近平同志为核心的党中央高度重视工会维权服务工作，习近平总书记多次作出重要指示，提出明确要求。2013 年 4 月 28 日，习近平总书记在全国总工会机关同全国劳动模范代表座谈时指出，要把竭诚为职工群众服务作为工会一切工作的出发点和落脚点，全心全意为广大职工群众服务，认真倾听职工群众呼声，维护好广大职工群众包括农民工合法权益，扎扎实实为职工群众做好事、办实事、解难事，不断促进社会主义和谐劳动关系。2013 年 10 月 23 日，在同全国总工会第十六届领导班子成员集体谈话时强调，工会要赢得职工群众信赖和支持，必须做好维护职工群众切身利益工作，促进社会公平正义；工会维权要讲全面，也要讲重点，重点就是职工群众最关心最直接最现实的利益问题，就是职工群众面临的最困难最操心最忧虑的实际问题。2014 年 1 月 7 日，在中央政法工作会议上指出，从人民内部和社会一般意义上说，维权是维稳的基础，维稳的实质是维权。人心安定，社会才能稳定。2014 年 4 月 30 日，在乌鲁木齐接见劳动模范和先进工作者、先进人物代表时强调，积极构建和谐劳动关系，充分调动职工的积极性，依靠职工群众共同把企业办好。2014 年 9 月 8 日，作出“三个着力”的重要批示，其中之一就是强调着力强化服务意识、提高维权能力。2015 年 4 月 28 日，在庆祝“五一”国际劳动节暨表彰全国劳动模范和先进工作者大会上发表重要讲话，强调要坚决履行维护职工合法权益的基本职责，把竭诚为职工群众服务作为工会一切工作的出发点和落脚点。2015 年 7 月 6 日，在中央党的群团工作会议上指出，群团组织要强化服务意识，提升服务能力，挖掘服务资源，坚持从群众需要出发开展工作，更多把注意力放在困难群众身上，努力为群众排忧解难，成为群众信得过、靠得住、离不开的知心人、贴心人；服务群众、维护群众权益的大旗要牢牢掌握在我们手中，哪里的群众合法权益受到侵害，哪里的群团组织就要站出来说话。2016 年 4 月 26 日，在知识分子、劳动模范、青年代表座谈会上提出，要切实维护广大劳动群众合法权益，帮助广大劳动群众排忧解难，积极构建和谐劳动关系。2018 年 2 月，党的十九届三中全会提出，深化群团组织改革，要构建联系广泛、服务群众的群团工作体系，增强群团组织团结教育、维护权益、服务群众功能。2018 年 10 月召开的中国工会十七大，系统阐释了习近平总书记关于工人阶级和工会工作的重要论述，用“八个坚持”概括了重要论述的基本内涵，其中之一就是坚持高举维护职工合法权益旗帜，强调要坚决维护职工合法权益、把竭诚服务职工群众作为一切工作的出发点和落脚点，这是工会组织的基本职责，强调习近平总书记关于工人阶级和工会工作的重要论述的重点是维护职工权益、服务职工群众。中国工会十七大修改《中国工会章程》，把工会基本职责拓展为维护职工合法权益，竭诚服务职工群众，并提出“以忠诚党的事业、竭诚服务职工为己任”。2018 年 10 月 29 日，习近平总书记在同全国总工会第十七届领导班子成员集体谈话时强调，工会要认真履行维护职工合法权益、竭诚服务职工的基本职责。工会要把服务职工、维护职工合法权益的大旗牢牢掌握在手中，把群众观念牢牢根植于心中，练就见微知著、以小见大的真功夫，哪里的职工合法权益受到侵害，哪里的工会就要站出来说话。2022 年 10 月 16 日，习近平总书记在党的二十大报告中指出，我国是工人阶级领导的、以工农联盟为基础的人民民主专政的社会主义国家，强调要发展全过程人民民主，保障人民当家作主；强调要健全以职工代表大会为基本形式的企事业单位民主管理制度，维护职工合法权益；强调要完善劳动者权益保障制度，加强灵活就业和新就业形态劳动者权益保障。这些重要论述，为履行和拓展工会基本职责指明了方向，提供了重要理论依据。

进入新时代，我国社会主要矛盾已经转化为人民日益增长的美好生活需要和不平衡不充分的发展之间的矛盾，职工队伍的内部结构、就业形态、技能素质、权益实现等方面发生新变化，需求层次不断提升，逐步由温饱层次的需求向安全、社交、尊重和自我实现等更高层次需求转变，从追求生存权益向追求发展权益转变，从追求物质权益向追求民主权利、精神权益转变，从利益诉求一体化、同质化向差异化、多元化转变。适应新时代我国社会主要矛盾的变化，不断满足职工群众对美好生活的向往，成为新时代工会的奋斗目标。为了实现这一奋斗目标，各级工会高举维护职工合法权益的旗帜，树立职工利益无小事理念，围绕职工最关心最直接最现实的利益问题，把职工群众愿望作为“晴雨表”，按照职工“生物钟”开展工作，叫响做实“职工有困难找工会”，不断增强维权意识，提升服务效能，功夫下在平常、工作做到点滴，不惧琐细、日积月累、春风化雨、润物无声，以维权服务的成效打动人心、温暖人心、凝聚人心、赢得人心，不断增强职工群众的幸福感、获得感、安全感。

一、切实维护职工劳动经济权益

参与化解过剩产能、深化国有企业改革、新就业形态等相关政策的研究和制定，对政策的实施开展跟踪调研，多渠道反映职工利益诉求。加强就业形势监测和分析研判，开展“十四五”时期就业方式与劳动经济权益专题研究。在全国范围内深入实施全国工会就业创业服务月、技能培训促就业、阳光就业、对口就业援助等活动，搭建“工E就业”、“工会就业服务号”等全国工会就业服务网上平台，开展“最美家政人”推树活动，完善京津冀蒙工会跨区域劳务协作，建立东北地区与东部地区对口就业合作机制，初步构建起区域间工会就业合作框架。通过劳动关系三方机制、深化收入分配制度改革部际联席会议、全国人大财经委等平台，提交职工收入情况报告及政策建议，推动提高劳动报酬在初次分配中的比重。制定下发《全国总工会关于工会积极参与深化收入分配制度改革工作的指导意见》。积极参与最低工资标准调整和实施的监督，参与国务院根治拖欠农民工工资工作领导小组工作，联合实施“护薪”行动，推进完善工资支付保障制度，建立工会系统欠薪报告制度和欠薪案件反馈督办机制，努力解决工资拖欠问题，被欠薪的农民工比重从2015年底的1%下降到2020年底的0.16%，“十三五”期间为692.6万名农民工追回被拖欠工资689.99亿元。重点就降低企业社保负担、化解产能过剩、供给侧结构性改革过程中职工社会保障权益维护、养老保险顶层设计和深化医药卫生体制改革等，充分表达职工诉求，提出工会意见。在全国范围内组织实施全民参保计划，完善社保关系转移接续办法，实施建筑业工伤保险专项扩面行动计划，针对货车司机等群体探索设立意外伤害险，推动灵活就业人员参加社会保险。截至2020年底，全国城镇职工基本养老保险、职工基本医疗保险、失业保险、工伤保险参保人数分别达4.56亿、3.44亿、2.17亿、2.68亿人。组织开展以“安康杯”竞赛为载体的群众性安全生产活动，开展隐患排查治理、班组安全建设、安全生产合理化建议、安全管理优秀成果展示、安全健康知识普及、安全技能培训和安全文化建设等活动，促进职工劳动安全和职业健康。制定推广《促进工作场所性别平等指导手册》，切实维护女职工合法权益和特殊利益。聚焦新就业形态劳动者权益保障问题，全国总工会成立推进新就业形态劳动者工会工作领导小组，2021年7月全国总工会会同人社部等8部委出台《关于维护新就业形态劳动者劳动保障权益的指导意见》，制定《关于切实维护新就业形态劳动者劳动保障权益的意见》，推动头部企业建立劳动关系协商协调机制，配合人社部开展维护新就业形态劳动者劳动保障权益专项行动等，推动建立健全新就业形态劳动者权益保障机制。

二、做好工会源头参与和法律服务

参与《民法典》、《工伤保险条例》、《失业保险条例》、《安全生产法实施条例》、《住房公积金管理条例》、《人力资源市场暂行条例》、《劳务派遣暂行规定》、《企业年金规定》、《社会救助暂行办法》、《慈善法》、《安全生产法》、《矿山安全法》、《职业教育法》、《中共中央 国务院关于推进安全生产领域改革发展的意见》、《职业病防治法》、《国家职业病防治规划（2016—2020年）》等法律法规规章的制定与修改工作。积极推动修改《工会法》，新修订的《工会法》已于2022年1月1日正式施行。各级地方工会加大参与力度，推动制定出台了一批保障职工和工会权益的地方性法规规章。开展全国工会“宪法进企业”法治宣传，组织广大职工群众学好用好《民法典》。制定《关于加强和改进工会参与立法工作的意见》、《基层工会法人登记管理办法》。大力推进实施法治宣传教育活动，制定“八五”普法规划，坚持面向基层，利用国家宪法日和法律宣传月、宣传周、纪念日等活动和形式，广泛开展全国职工法律知识竞赛、演讲比赛、文艺展演展播和文艺下基层等活动，加大普法力度。升级中国工会法律服务平台，建设普法网站或在网站开辟普法专栏，开设普法微博或加载普法功能的微博，开通专门普法微信或加载普法功能的微信公众号。加强疫情防控和复工复产法律服务，开展“零接触式”远程在线法律政策宣讲。联合开展“全国维护职工权益杰出律师”表彰，深化“尊法守法·携手筑梦”服务农民工公益法律服务行动。制定实施《全国工会中央专项彩票公益金法律援助项目实施与管理细则》。

三、突出抓好服务职工和城市困难职工解困脱困工作

加强困难职工帮扶与社会救助体系衔接，将困难职工纳入政府救助覆盖范围，开展“城市困难职工解困脱困集中攻坚”行动，建立工会预防困难职工返困预警和帮扶工作机制。截至2020年底，工会建档立卡的549.87万户城市困难职工家庭全部

解困脱困，其中480.58万户、涉及家庭人口1301万人实现根本脱困，63.95万户因精准识别、农民工返乡等因素退出档案，5.34万户重病、残疾困难职工家庭纳入政府兜底保障和工会常态化帮扶，解困脱困目标任务如期实现，全体职工同步迈入全面小康社会。2015年以来，各级各方面共投入帮扶资金206.8亿元，专项帮扶2789万人次。29个省级、411个地市级、2501个区县级党委和政府出台了困难职工解困脱困实施意见，积极参与政府社会救助联席会议制度，推动建立健全党委领导、政府主导、工会牵头、部门负责、社会参与的工作体制，形成强大工作合力。各级工会协同政府出台和落实帮扶困难职工的就业创业、医疗、教育、住房等专项政策；构建起基本生活、医疗、教育、住房、就业创业、社会保险待遇保障线。持续打造送温暖、金秋助学、职工互助保障、职工法律援助、农民工平安返乡、农民工“求学圆梦行动”、“女职工关爱行动”等品牌，拓展工会帮扶中心功能。关注货车司机、网约车司机、快递员、外卖送餐员等新就业形态劳动者，建设职工服务中心、职工之家、司机之家、女职工休息哺乳室、职工子女托管班，全国各级工会自建、共建户外劳动者服务站点7.8万个，累计投入资金9.38亿元，服务户外劳动者群体5900余万人。工会服务农民工工作持续向精准化方向推进，成立全国总工会农民工工作领导小组，制定印发贯彻落实进一步做好为农民工服务工作的实施意见及《农民工工作规划（2016—2020年）》等文件，把为农民工服务工作经费纳入项目预算管理。加强对劳动领域社会组织的政治引领、示范带动和联系服务，延长服务职工的手臂。各级工会按照工会资产“回归公益、聚焦主业、自主经营、依法监管”的工作要求，盘活现有工会资产，强化工会资产服务基层、服务职工功能。在全国范围内集中开展工人文化宫、工人疗休养院清理整改工作，恢复和拓展职工文化教育、疗休养服务项目，回归公益性、服务性。加强规范职工互助保障活动管理工作，加强工会本级企事业资产监督管理工作，坚持和完善经营业绩考核制度，积极稳妥推进工会系统经营类事业单位改革。各级工会在贫困地区水利、交通、电力等重点项目建设和脱贫攻坚工程中，组织动员职工开展劳动和技能竞赛活动，助力贫困地区经济社会发展，在脱贫攻坚中切实发挥工会作用。全国总工会定点扶贫的山西省和顺、壶关两县分别于2018年、2019年顺利实现脱贫摘帽。深入开展全国工会对口援疆援藏工作。

四、积极推动构建和谐劳动关系

贯彻习近平同志2011年8月15日在全国构建和谐劳动关系先进表彰暨经验交流会上的重要讲话精神，参与《中共中央、国务院关于构建和谐劳动关系的意见》的制定、实施方案分工、贯彻落实情况总结评估，全国31个省（区、市）出台了具体实施意见，把构建和谐劳动关系纳入当地经济社会发展规划和政府目标责任考核体系，5个省成立省委副书记或常委担任组长的构建和谐劳动关系领导小组，23个省（区、市）成立由分管领导担任主任的协调劳动关系三方委员会。推动协调劳动关系三方机制发挥作用，巩固和完善省（区、市）三方机制，大力推进地市、县三方机制建设，积极稳妥发展街道、乡镇、社区和工业园区三方机制。实施劳动关系“和谐同行”能力提升三年行动计划，积极推进劳动关系治理能力建设。全国总工会指导地方工会构建劳动关系监测组织网络体系，建立劳动关系信息员队伍，建立欠薪纠纷应急协调处置联动机制和网络舆情欠薪案件反馈督办机制。制定《工会劳动法律监督办法》，推广工会劳动法律监督意见书和建议书制度，开展劳动用工法律风险体检活动。开展劳动争议多元化解试点工作，调解仲裁服务水平不断提升，“互联网+调解仲裁”加速推进，采用“不见面”审理方式的案件日益增多。劳动人事争议调解仲裁组织建设持续推进，开展全国模范劳动关系和谐企业和工业园区表彰，19个省（区、市）定期开展和谐劳动关系先进表彰和创建示范。推动健全社会主义协商民主制度，全国31个省（区、市）建立了政府和工会联席会议制度，7个驻会全国产业工会与相关部委、相关产业局（行业协会或联合会）建立了联席会议制度。推动企业民主管理工作建制扩面，推行区域（行业）职代会制度，不断扩大民主管理制度对小微企业的有效覆盖。全面实施劳动合同制度，进一步规范劳务派遣用工，相继出台规范共享用工、电子劳动合同等政策。组织实施集体合同制度攻坚计划、集体协商“稳就业、促发展、构和谐”行动计划，集体协商覆盖范围逐步扩大，餐饮、建筑、纺织等行业集体协商工作取得明显成效。地方工会连续10余年开展“集中要约”活动，探索在环卫、保安、快递等灵活用工密集的行业开展集体协商。

五、坚决维护职工队伍和工会组织的团结统一

把维护劳动领域政治安全作为重大政治任务，加强维护劳动领域政治安全体系和能力建设，2018年10月全国总工会十七届二次主席团会议正式提出“五个坚决”的要求，2021年3月制定落实“五个坚决”要求长效机制的意见，建立健全10项落实机制，提出“五个不发生”的阶段性目标，工会探索形成了维护劳动领域政治安全系统格局。落实总体国家安全观，健全工作联动机制，开展职工队伍稳定风险调研排查化解专项工作，制定印发关于预防和参与处置职工群体性事件的有关办法，协助党政妥善处置职工群体性事件。加强互联网企业、快递物流企业劳动关系监测分析，就新就业形态劳动者群体涉政治安全

问题开展专项排查。做好工会信访工作，制定《关于加强新形势下工会信访工作的意见》、《关于深入推进工会领导干部接待职工群众来访的意见》等，妥善解决了一批职工反映强烈的突出问题。推动工会系统平安中国建设。

实践证明，职工群众始终是工会组织的血脉和力量之源，以职工为“天”、为职工群众谋福祉是工会组织不变的使命与担当。工会要站在职工立场、从职工利益出发，抓住职工群众最关心最直接最现实的利益问题和最困难最忧虑最急迫的实际问题，突出城市困难职工、农民工、新就业形态劳动者等群体，增强维权意识、提升维权能力，坚持维权和维稳相统一，主动作为、善于作为，打通联系服务职工群众的“最后一公里”，让职工群众真正感受到工会是“职工之家”，工会干部是最可信赖的“娘家人”、贴心人。

第五节　持续推进工会改革创新

工会改革创新是贯彻落实习近平新时代中国特色社会主义思想的具体实践，是全面深化改革的组成部分，是落实党中央决策部署、推动群团改革的重要内容，是坚持群众路线、更好服务广大职工群众的迫切需要，是工运事业和工会工作保持生机活力的内在要求。党的十八大以来，以习近平同志为核心的党中央着眼推进中国特色社会主义制度自我完善和发展，党的十九大和十九届三中、四中全会围绕党和国家事业发展新要求，对全面深化改革提出了新任务，部署了一大批力度更大、要求更高、举措更实的改革任务，工会改革作为全面深化改革的有机组成部分，纳入改革总台账一起推进。2015 年 1 月，中共中央印发了《关于加强和改进党的群团工作的意见》，强调改革创新是群团工作发展进步的不竭动力，要不断推进群团工作和群团组织建设理论创新、实践创新、制度创新。2015 年 7 月 6 日，习近平总书记在中央党的群团工作会议上发表重要讲话，对群团组织改革创新提出明确要求，强调工会、共青团、妇联等群团组织要增强自我革新的勇气，下大气力解决突出问题。7 月 23 日，中共中央决定在全国总工会开展中央群团机关改革试点。11 月 9 日，习近平总书记主持召开中央全面深化改革领导小组第十八次会议，审议并原则同意《全国总工会改革试点方案》（以下简称《试点方案》），对推进群团改革提出明确要求。11 月 16 日，中央全面深化改革领导小组办公室向全国总工会党组下发通知，明确《试点方案》已报中央批准，可按方案启动试点工作，并要求加强组织领导，积极推动改革，把改革方案落到实处。2017 年 2 月 6 日，习近平总书记主持召开中央全面深化改革领导小组第三十二次会议，听取了全国总工会、上海市、重庆市群团改革试点工作总结报告，肯定试点工作取得的明显成效，明确要求已经开展试点的群团和地方要继续在建机制、强功能、增实效上下功夫，巩固改革成果。8 月 22 日，习近平总书记对群团改革工作作出重要指示。8 月 26 日，刘云山同志主持召开群团改革工作座谈会，对贯彻落实习近平总书记重要指示精神、深化群团改革提出要求。党的十九届三中全会通过《中共中央关于深化党和国家机构改革的决定》和《深化党和国家机构改革方案》，要求深化群团组织改革。党的十九届四中全会对坚持和完善中国特色社会主义制度、推进国家治理体系和治理能力现代化作出了全面部署。2019 年 10 月 31 日，《中共中央关于坚持和完善中国特色社会主义制度 推进国家治理体系和治理能力现代化若干重大问题的决定》提出贯彻党的群众路线，完善党员、干部联系群众制度，创新互联网时代群众工作机制，始终做到为了群众、相信群众、依靠群众、引领群众、深入群众、深入基层。健全联系广泛、服务群众的群团工作体系，推动人民团体增强政治性、先进性、群众性，把各自联系的群众紧紧团结在党的周围。2022 年 10 月 16 日，习近平总书记在党的二十大报告中指出，要深化工会、共青团、妇联等群团组织改革和建设，有效发挥桥梁纽带作用。这些重大决策部署，对推进工会改革指明了方向、提出了要求。

党的十八大以来，习近平总书记高度重视工会改革，作出一系列重要论述，提出一系列新思想新观点新要求。习近平总书记强调，要坚持增强政治性、先进性、群众性的工会改革方向，指出时代在发展，事业在创新，工会工作也要发展、也要创新；加强和改进新形势下工会工作，最重要的是要保持和增强政治性、先进性、群众性。在建机制、强功能、增实效上下功夫，创新组织体制、运行机制、活动方式、工作方法，让职工群众真正感受到工会是“职工之家”，工会干部是最可信赖的“娘家人”、贴心人，把工会组织建设得更加充满活力、更加坚强有力。这些重要论述，贯穿着改革精神和问题导向，站在更高起点谋划和推进改革，对群团改革提出了系统明确的要求，既非常鲜明地提出问题，又有的放矢地回答问题，为包括工会工作在内的群团事业发展指明了方向，提供了强大思想武器，是弘扬改革精神、解决突出问题的党的群团改革动员令，也是引领我们谱写新时代工会改革新篇章的科学指南。

进入新时代，面对错综复杂的国际形势和艰巨繁重的国内改革发展稳定任务，我国经济发展方式加快转变，新的增长动力正在孕育形成，经济运行的新常态特征更加明显，经济社会发展面临一些矛盾和问题。同时随着经济社会的发展，职工队伍发生深刻变化，职工需求更趋多元化，对差异化、精准化服务的需求更加迫切，特别是新生代职工视野更加开阔、自主意识更强，维护自身权益、实现自身价值的呼声日益突出。与形势任务的要求相比，与党的要求和职工群众的期待相比，工会工作还存在一些亟待解决的问题，如领导机构组成人员广泛性和代表性不够，基层基础工作比较薄弱，组织覆盖面不全，维护职工权益不够到位，对职工特别是青年职工、农民工等吸引力还不够强等，影响了工会职能的发挥和工作水平的提升，制约了工会工作的深入开展。面对时代发展、社会变化带来的新情况新挑战，各级工会坚决贯彻党中央决策部署，牢记忠诚党的事业、竭诚服务职工的职责使命，紧紧围绕增强政治性、先进性、群众性，在建机制、强功能、增实效上下功夫，推动工会系统改革自上而下与自下而上有机结合，从制约工会组织发展最突出的矛盾入手，从职工群众反映最强烈的问题改起，在重点领域和关键环节改革上持续精准用力，不断优化工会组织体制、运行机制、管理模式和工作方式，拓展了工会改革的深度和广度。

一、上下联动、整体推进工会改革

贯彻落实《中共中央关于加强和改进党的群团工作的意见》和中央党的群团工作会议精神，按照中央改革办要求，全国总工会作为中央群团机关改革试点单位，按照增“三性”、去“四化”、强基层、促创新的改革整体思路，认真制定《全国总工会改革试点方案》，提出了 7 个方面、27 条改革举措，制定具体实施办法，将改革举措分解为 13 项重点任务、25 个主要文件制度、50 项具体措施，逐项明确了责任分工、时间表、路线图，加强督促检查、跟踪问效，多次召开工会系统改革工作推进会等会议，下发指导文件，举办工会系统改革创新专题研讨班，有序有力有效推进改革试点工作，2016 年底实现了既定目标，取得了阶段性成果，上海市、重庆市工会在地方群团改革试点中如期顺利完成改革试点任务。与此同时，全国总工会坚持以上带下，指导各级工会主动对接、及时跟进，31 个省

(区、市)总工会参照全国总工会改革试点方案制定了改革方案，整个工会系统改革全面展开、态势良好。在如期顺利完成改革试点任务的基础上，为进一步巩固全国总工会改革成果，推进工会系统改革向基层延伸，全国总工会 2018 年 9 月印发《深化工会改革创新实施方案》，从加强党的全面领导、深化领导机构改革、优化强化工会职能、健全服务职工工作体系、不断夯实工会基层基础、扎实推进网上工会建设、建设高素质专业化干部队伍 7 个方面，提出了 30 条具体举措。2018 年 10 月中国工会十七大报告中 48 次提到“改革”，2018 年底前完成了省级、市级、县级工会改革。2020 年 4 月全国总工会十七届三次执委会议提出建立健全“八个方面”工会制度体系。2021 年 2 月全国总工会十七届四次执委会议提出开展工会改革总结评估，对改革任务、责任、进展、薄弱环节等进行盘点、跟踪问效，及时提炼改革经验，深入研究工会工作规律特点，形成可复制可推广的制度成果。2021 年 7 月 16 日全国总工会正式印发实施《中国工运事业和工会工作“十四五”发展规划》，强调要系统谋划和扎实推进工会改革。每年的全国总工会执委会议、主席团会议、主席会议都把工会改革作为一项经常性工作进行部署，将“顶层设计”和“基层探索”有机结合，着力在“深化”和“创新”上做文章，切实增强工会组织团结教育、维护权益、服务职工功能，努力构建联系广泛、服务职工的工会工作体系。

二、不断夯实工会基层基础

贯彻落实 2014 年 9 月习近平总书记“三个着力”重要批示精神，把基层作为改革创新的重要阵地，推动工会改革向基层延伸，真正使基层工会建起来、转起来、活起来。连续开展基层工会建设年、落实年活动和“强基层、补短板、增活力”行动，开展农民工入会集中行动、货车司机等“八大群体”入会工作和百人以上企业建会专项行动等，创新网上入会方式。2021 年 8 月制定《关于推进新就业形态劳动者入会工作的若干意见（试行）》，按照重点建、行业建、兜底建的思路，开展新就业形态劳动者入会集中行动，以平台企业为重点进行集中攻坚，推动货运、快递、网约车、外卖配送 4 个重点行业 12 家头部企业实现建会突破。完善“小三级”工会组织体系，加强和规范区域性、行业性工会联合会建设、乡镇（街道）工会建设、县级工会建设，探索社区网格工会、城市综合体工会、商圈工会、一条街工会、市场工会、项目工会、楼宇工会等建会方式，坚持党建带工建、工建服务党建，实现对小微非公企业的有效覆盖，构建纵横交织的网络化组织体系，基层工会组织达到 280.9 万个。制定新形势下加强基层工会建设的意见、增强基层工会活力发挥基层工会作用的指导意见、工会基层组织选举工作条例、会员会籍管理办法、推进基层工会组织和工会会员实名制管理工作方案等，规范基层工会选举工作，完善会员（代表）大会、会员评家制度。全国工会专职工作人员达 102.2 万人，兼职工作人员 748.1 万人，各级工会聘请了 4.1 万名社会化工会工作者充实到基层工会。完善机关干部基层联系点、调查研究、基层挂职任职、定期接待群众来访、谈心和征求意见 5 项直接联系群众制度，地方工会探索建立工会服务职工满意度评价制度。大兴调查研究之风，全国总工会领导同志、各级工会围绕全国总工会重点工作开展调研，形成了一批调研成果，开展第八次全国职工队伍状况调查，健全基层联系点制度，建立年度调研课题制度，探索走出工会理论研究新路子。2021 年结合开展“我为群众办实事”实践活动、“工会进万家”调研走访慰问活动。开展工会干部赴基层蹲点活动，全国总工会选派 15 组共 50 名工会干部赴基层蹲点，各省（区、市）总工会和新疆生产建设兵团总工会同步实施，形成了工会系统上下联动合力推进的良好局面。推进智慧工会建设，实施全国工会网上工作纲要，推动将工会网络安全与信息化重点工作纳入“十三五”国家政务信息化工程，建设“互联网+”工会工作新平台，以“一片心、一叠卡、一张网、一个家”为抓手，深入推进“互联网+”工会普惠性服务，建设会员实名制与普惠性服务综合管理系统，开通全国总工会微博、微信公众号，开发移动客户端，推进全国工会新媒体建设，打造网上网下相互促进、有机融合的工会工作新格局。改进和完善工会经费使用和管理，全国工会经费收入95%留在地方和基层，全国总工会本级经费70%以上用于对下补助，加强财务制度建设，强化预决算管理，提高工会经费使用绩效，深入推进工会常态化经费审查监督体系建设，履行审查审计监督职责。

三、着力深化领导机构改革

改进工会领导机构人员构成，突出工会组织群众性特点，在工会副主席、常委、委员、代表及内部工作部门人员的安排上，提高了劳模和一线职工比例，把更多普通职工中的优秀代表吸纳进工会领导机构。农民工巨晓林任全国总工会兼职副主席，北京师范大学党委副书记田辉、北京邮电大学党委副书记曲昭伟先后任全国总工会挂职书记处书记。全国总工会领导班子中配备兼职副主席8人、挂职书记处书记1人，其中劳模和一线职工兼职副主席3人。省级工会兼职副主席中劳模和一线职工64人，占53.3%。全国总工会十七届执委、主席团成员中劳模和一线职工比例，比全国总工会改革试点方案的要求分别提高了8.0%和6.7%。优化机关组织职能，将6个主要职能部门整合为3个，新成立网络工作部和社会联络部2个职能部门。4个生产经营类事业单位转企，1个生产经营类事业单位纳入国家培训疗养机构改革，事业单位由 18 个减少到 13 个。突出机关干部基层一线工作经历、群众工作经历，探索建立符合工会组织特点的机关干部遴选、管理、使用办法，把更多知职工、懂职工、爱职工的人充实到全国总工会机关。创新局级干部推选办法，采取“三推两核一汇报”的方式推荐人选、确定考察对象，取得了较好效果。实行工会干部专挂兼，探索建立了一支以专职干部为骨干力量、以挂职兼职干部为重要支撑的机关干部队伍。首创工会代表、执委提案制度。探索创新产业工会工作，完善产业工会组织体系，解决产业工会组织上下不联通的问题，建立健全覆盖县域经济和主要行业的各级各类产（行）业工会，支持产业工会结合产（行）业实际，积极主动发挥作用。

四、全面加强工会系统党的建设

贯彻新时代党的建设总要求，把党的政治建设摆在首位，全面加强工会系统党的领导和党的建设，坚持党建工作和业务工作一起谋划、一起部署、一起督查、一起落实，切实履行“两个责任”，推动工会全面从严治党向纵深发展。成立由党组书记任组长的全国总工会党建工作领导小组，构建党组书记负总责、分管领导分工负责、机关党委推进落实、各单位主要负责同志“一岗双责”的党建工作格局。修订《中共中华全国总工会党组工作规则》、《中共中华全国总工会党组中心组学习制度》，制定全国总工会党组议事内容目录和党组中心组学习目录，指导驻会全国产业工会等 8 个分党组修订分党组工作规则。落实“三会一课”等党的组织生活制度，加强基层党组织队伍建设。扎实开展党的群众路线教育实践活动、“三严三实”专题教育、“两学一做”学习教育、“不忘初心、牢记使命”主题教育、党史学习教育。每年召开工会系统党风廉政建设会议、全国总工会机关党的工作会议、全国总工会机关警示教育大会等，对加强工会系统党的建设作出部署。自觉接受巡视监督，2016 年、2019 年两次接受中央巡视组对党组的巡视，接受审计署对全国总工会 2017 年度预算执行情况的审计，强化巡视审计整改和成果运用。健全全国总工会党组巡视制度机制，开展四轮全国总工会机关内部巡视工作。严格执行中央八项规定及其实施细则精神，精简合并督查事项，大幅压减评比表彰项目、统计指标、会议文件数量，坚决纠正“四风”特别是形式主义、官僚主义。有序进行中央单位规范领导干部配偶、子女及其配偶经商办企业行为试点工作，顺利完成预定任务。开展“忠诚党的事业、竭诚服务职工”模范政治机关创建活动和机关党支部标准化规范化建设试点。

进一步深化同港澳台工会和职工的交流合作，促进港澳工会更多融入国家发展大局，增进两岸职工心灵契合。广泛开展工会对外交流合作，主动配合我国重大外交议程，深化劳动关系领域的国际交流与合作，广泛宣传中国特色社会主义工会发展道路，积极参与国际劳工治理，有效扩大我国工会的话语权和影响力，精心培植国际劳工界知华友华力量，为促进“一带一路”沿线国家民心相通、推动构建人类命运共同体发挥积极作用。先后于 2014 年、2017 年、2021 年三次在国际劳工组织理事会工人组换届选举中成功连任，取得了工会外事工作重大成果。在第 107 届国际劳工大会上，将构建人类命运共同体、互利共赢等重要理念写入国际劳工大会文件。

实践证明，改革创新是工运事业和工会工作蓬勃发展的不竭动力，必须自觉运用改革精神谋划推进工会工作，并把抓基层打基础作为长远之计和固本之策，丝毫不能放松。工会要把保持和增强政治性、先进性、群众性作为工会工作的根本标尺和长期任务，树立大抓基层的鲜明导向，落实到基层、落实靠基层，不断增强团结教育、维护权益、服务职工功能，切实把工会组织建设得更加充满活力、更加坚强有力。

中国特色社会主义新时代的工人运动，在习近平新时代中国特色社会主义思想指引下，动员各级工会和亿万职工积极投身全面建设社会主义现代化强国、实现中华民族伟大复兴的中国梦的伟大实践，不断谱写了新时代工运事业和工会工作的新篇章。我国工人阶级牢牢把握工运时代主题，把自身前途命运同国家和民族前途命运紧密联系在一起，把个人梦同中国梦紧密联系在一起，把实现党和国家确立的发展目标变成自己的自觉行动，爱岗敬业、争创一流，以不懈奋斗书写了新时代华章，共同创造了幸福生活和美好未来。工人阶级自身也历经锻造，面貌焕然一新，主力军地位和作用更加凸显，不愧为我们党最坚实最可靠的阶级基础。

党的二十大擘画了全面建设社会主义现代化国家、以中国式现代化全面推进中华民族伟大复兴的宏伟蓝图。新时代新征程，我们一定要更加紧密地团结在以习近平同志为核心的党中央周围，高举中国特色社会主义伟大旗帜，以习近平新时代中国特色社会主义思想为指导，团结带领亿万职工劈波斩浪、奋勇担当，汇聚起更加磅礴的奋进伟力，为全面建设社会主义现代化国家、实现第二个百年奋斗目标、以中国式现代化全面推进中华民族伟大复兴作出新的更大贡献。

思考题：

1. 如何理解和把握习近平总书记关于工人阶级和工会工作的重要论述的重大意义、丰富内涵、实践要求？
2. 如何把握中国特色社会主义新时代的工运主题？
3. 中国工会是如何履行维权服务基本职责的？
4. 加强职工思想政治引领的举措有哪些？
5. 工会如何推进改革创新？

大事记

2012 年

11 月 8 日至 14 日，中国共产党第十八次全国代表大会在北京召开。

11 月 21 日，中华全国总工会召开“学习贯彻党的十八大精神、总结党的十六大以来工会工作成就”座谈会。

2013 年

2 月 28 日至 3 月 1 日，中华全国总工会召开十五届七次执委会议。

4 月 28 日，习近平总书记亲临中华全国总工会机关，看望全国劳动模范代表，与大家亲切座谈，同庆“五一”节、共话中国梦，并在听取劳模们发言后发表重要讲话。

7 月，《习近平总书记在同全国劳动模范代表座谈时重要讲话学习读本》、《巨大的鼓舞 行动的指南——学习习近平总书记同全国劳动模范代表座谈时重要讲话心得》由中国工人出版社出版发行。

10 月 18 日至 22 日，中国工会第十六次全国代表大会召开。

10 月 23 日，习近平总书记在中南海同中华全国总工会新一届领导班子成员集体谈话并发表重要讲话。

11 月 9 日至 12 日，中国共产党十八届三中全会召开。

12 月 24 日，全国总工会召开十六届二次执委会议，通过《关于认真学习贯彻党的十八届三中全会精神，团结动员广大职工为全面深化改革作贡献的决议》。

2014 年

2 月 22 日，中华全国总工会办公厅印发《关于开展加强基层工会建设问题调研活动的通知》。

4 月 30 日，习近平总书记在乌鲁木齐接见劳动模范和先进工作者、先进人物代表。

9 月 8 日，习近平总书记在中华全国总工会党组《关于落实习总书记重要指示加强基层工会建设调研情况的报告》上作出重要批示。

10 月 20 日至 23 日，中国共产党十八届四中全会举行，审议通过《中共中央关于全面推进依法治国若干重大问题的决定》。

12 月，中华全国总工会十六届三次执委会审议通过《中华全国总工会关于贯彻落实党的十八届四中全会精神大力推进工会工作法治化建设的实施意见》。

2015 年

1 月 8 日，中共中央印发《关于加强和改进党的群团工作的意见》。

4 月 28 日，庆祝“五一”国际劳动节暨表彰全国劳动模范和先进工作者大会在人民大会堂召开。

7 月 6 日至 7 日，中央党的群团工作会议在北京召开。

7 月 23 日，中央改革办下发通知，决定在全国总工会、上海和重庆开展群团机关改革试点。

10 月 26 日至 29 日，中国共产党十八届五中全会召开，审议通过《中共中央关于制定国民经济和社会发展第十三个五年规划的建议》。

11 月 9 日，习近平总书记主持召开中央全面深化改革领导小组第十八次会议，审议通过《全国总工会改革试点方案》、《上海市群团改革试点方案》、《重庆市群团改革试点方案》。

2016 年

1 月，中华全国总工会召开十六届四次执委会议，通过《中华全国总工会关于认真学习贯彻党的十八届五中全会精神、组织动员广大职工为实现“十三五”规划建功立业的决议》。

4 月 26 日，习近平总书记在安徽省合肥市主持召开知识分子、劳动模范、青年代表座谈会并发表重要讲话。

8 月 21 日，中央全面深化改革领导小组办公室下达改革任务书，要求由全国总工会牵头，会同国家发展改革委、教育部、工业和信息化部、人力资源和社会保障部等部门，做好产业工人队伍建设改革方案的起草制定工作。

10 月 24 日至 27 日，中国共产党十八届六中全会召开。

2017 年

2 月 6 日，习近平总书记主持召开中央全面深化改革领导小组第三十二次会议，审议通过《新时期产业工人队伍建设改革方案》、《关于全国总工会改革试点工作总结报告》。

8 月 22 日，习近平总书记对群团改革工作作出重要指示。

9 月，中华全国总工会十六届六次执委会议召开。

10 月 18 日至 24 日，中国共产党第十九次全国代表大会召开，确立习近平新时代中国特色社会主义思想在全党的指导地位。

2018 年

1 月，中华全国总工会十六届七次执委会议召开。

3 月，中华全国总工会十六届八次执委会议召开，选举全国人大常委会副委员长王东明为中华全国总工会主席。

3 月，中共中央办公厅、国务院办公厅印发《关于加强和改进新时代产业工人队伍思想政治工作的意见》。

4 月 30 日，习近平总书记给中国劳动关系学院劳模本科班学员回信。

10 月 22 日至 26 日，中国工会第十七次全国代表大会召开。

10 月 29 日，习近平总书记在中南海同中华全国总工会新一届领导班子成员集体谈话并发表重要讲话。

10 月 31 日，中华全国总工会发出《中华全国总工会关于认真学习宣传贯彻习近平总书记重要讲话精神，完成好中国工会十七大目标任务的通知》。

2019 年

4 月 23 日，中华全国总工会作出《中华全国总工会关于表彰 2019 年全国五一劳动奖和全国工人先锋号的决定》。

10 月 1 日上午，庆祝中华人民共和国成立 70 周年大会在北京天安门广场隆重举行。

10 月 28 日至 31 日，中国共产党十九届四中全会在北京召开。

2020 年

2020 年，面对突如其来的新冠肺炎疫情，我国工人阶级和广大劳动群众响应党中央号召，风雨同舟、众志成城，积极投身疫情防控的人民战争、总体战、阻击战，为全国抗疫斗争取得重大战略成果、统筹疫情防控和经济社会发展工作取得积极成效作出了突出贡献。

4 月 30 日，习近平总书记给郑州圆方集团全体职工回信，向他们并向全国各族劳动群众致以节日的问候。

4 月，中华全国总工会十七届三次执委会议召开。

10 月 26 日至 29 日，中国共产党十九届五中全会召开，审议通过《中共中央关于制定国民经济和社会发展第十四个五年规划和二〇三五年远景目标的建议》。

11 月 24 日，全国劳动模范和先进工作者表彰大会隆重召开。

2021 年

2 月，中华全国总工会十七届四次执委会议召开。

3 月 2 日，中华全国总工会机关党史学习教育动员大会召开。

4月6日，中国海员工会成立100周年纪念大会在广州市第一次全国劳动大会旧址召开。

4月27日，庆祝“五一”国际劳动节暨“建功‘十四五’、奋进新征程”主题劳动和技能竞赛动员大会在人民大会堂隆重举行。

4月30日，在“五一”国际劳动节到来之际，习近平总书记代表党中央，向全国广大劳动群众致以节日的祝贺和诚挚的慰问。

5月1日，中华全国总工会印发《关于学习宣传贯彻习近平总书记重要指示精神的通知》。

5月31日，城市困难职工解困脱困工作总结表彰会在北京召开。

5月，中华全国总工会机关干部赴基层蹲点活动启动。

6月1日，中华全国总工会第十七届执行委员会第十次主席会议在北京召开。

7月1日，庆祝中国共产党成立100周年大会在北京天安门广场隆重举行。

7月，中华全国总工会编写出版《深入学习贯彻习近平总书记关于工人阶级和工会工作的重要论述》。

2022年

1月1日，《工会法》于2021年12月24日完成修改，修改后的工会法自2022年1月1日起施行。

1月7日，第九次全国职工队伍状况调查正式启动。

1月29日，中华全国总工会第十七届执行委员会第五次全体会议以电视电话会议形式召开。

4月27日，首届大国工匠创新交流大会开幕。习近平总书记向首届大国工匠创新交流大会发来贺信，向大会的举办表示热烈的祝贺，并代表党中央向广大技能人才和劳动模范致以诚挚的问候，向广大劳动群众致以节日的祝贺。

6月28日，中华全国总工会第十七届执行委员会第六次全体会议召开。

7月13日，第十一届金砖国家工会论坛以视频形式在北京举行。

9月2日，以“匠心逐梦·强国有我”为主题的首届大国工匠论坛在长沙隆重举行。

10月2日，习近平总书记给山东省地矿局第六地质大队全体地质工作者回信，对他们弘扬优良传统、做好矿产勘查工作提出殷切期望。

10月16日至22日，中国共产党第二十次全国代表大会在北京召开。

11月12日，习近平总书记给中国航空工业集团沈飞“罗阳青年突击队”的队员们回信，勉励他们学习贯彻好党的二十大精神，争做有理想、敢担当、能吃苦、肯奋斗的新时代好青年，为建设航空强国积极贡献力量。

附录

中共中央给历次全国劳动大会和中国工会全国代表大会的贺信、祝词、致词汇编

1. 中国共产党中央执行委员会给第二次全国劳动大会的信

亲爱的全国劳动大会代表诸同志：

中国国民革命潮正在高涨的时候，你们于全世界劳动节“五一”在革命根据地广州，召集了全国工会的代表开第二次劳动大会，这是有重大意义的。

国际资本帝国主义者宰制着全世界的无产阶级及全世界的弱小民族，中国人就是被他们宰制的民族之一。可是帝国主义的末运到了，此时全世界的无产阶级及弱小民族，都不约而同的向帝国主义举起反叛之旗，中国的国民革命运动，就是这个全世界的大运动中之一。

在中国国民革命运动的高潮中，我们须要知道中国的各社会阶级对于这革命的关系是怎样。贿卖国家剥削平民的军阀及大商买办绅士阶级，不用说都是和国际资本帝国主义者串通一气，与国民革命为敌的。被压迫而濒于破产的学生、自由职业者、小商人，虽然不满现状而有革命的要求，可是他们的政治观念却是模糊的，他们的战斗力也涣散薄弱，因此还不能够加

敌人以致命的打击。

有明了的政治观念，有集合的战斗力，在国民运动中，能够加敌人以最后致命的打击者，只有工农联合的力量。

正因工农阶级有这样的力量，我们的敌人——国际资本帝国主义者及国内军阀大商买办绅士阶级——欲消灭中国的国民革命运动，首先要消灭中国工人农民的势力；他们不但用政权、法庭、军队、警察，在外面压迫工人农民的势力发展；他们并且要雇用一班工贼，在内部破坏工人农民的团结，阻挠革命的知识分子对于工人农民同情的援助；他们尤其要严禁工人农民有自己的政党之组织，因为工农联合起来，又有了自己的政党，那便更要增加革命运动的力量。

亲爱的全国劳动大会代表诸同志！你们所代表的力量是伟大的，你们所负的责任也是重大的，你们的敌人虽然众多而且强有力，只要你们团结起来不断的奋斗，不但中国国民革命的胜利终属于你们，全世界工农专政的胜利也必然属于你们。祝你们团结！祝你们奋斗！

中国共产党中央执行委员会

1925 年 4 月

2. 中国共产党中央执行委员会给第三次全国劳动大会的祝词

第三次全国劳动大会代表诸同志们：

去年第二次劳动大会后，接着便发生了中国历史上空前的民族运动——五卅运动；在此次运动中，中国的工人阶级，尤其是上海和香港工人，表现出惊动世界的战斗力，不但使帝国主义及军阀震恐，并且使中国的资产阶级震恐；香港工人至今尚能支持将及一年的政治罢工，上海工人也能保持为从来所未有的群众组织，这足使今年的大会比上年的大会，更有新的生命。

现时中国工人阶级的组织，在全国人口比例上虽然还很幼稚，而在政治争斗上，幼小的中国工人运动，已在世界革命影响上收了很大的效果；这是因为工人运动一开始，不但有静的组织，而且有了动的政治争斗——民族革命的争斗，使计算世界革命力量的人，不得不把中国工人的力量列入。

现在反动军阀的势力又布满了北方，使北方的工人运动尤其是路工和矿工运动受很大的打击；然而崩溃中的中国军阀，决不能长期的维持其统治地位，我们工人群众正应在此反动时期中，格外努力积聚我们的力量，即静的组织力量，以备马上将来的政治争斗——与军阀决死战的最后争斗。

我们今后积聚我们的组织力量，不应仅仅是产业工人，并要普及于一般劳苦群众，以扩大我们在数量上的战斗力；我们的力量在数量上增加了，我们的力量在争斗的质量上也是会增加的。而且，我们不但要组织一般劳苦的工人群众，并且要和劳苦的农民群众结成亲密的同盟，领导他们参加一切经济的、政治的争斗，才免得工人阶级孤军独战之困难，因为现时中国工人的数量，在全中国人口比例上还是很小。

总之，我们必须努力扩大及巩固全国工人、农民及一切劳苦群众的联合战线，才能够抵抗一切特权阶级的压迫，以至获得我们政治争斗的初步胜利——民族革命的胜利。

本党是代表中国工人及农民利益而奋斗的党，本党目前的职责，是领导中国工人农民参加中国民族革命的争斗；同时，在民族革命运动中，代表中国工人、农民利益而争斗。

本党和工人同志们携手奋斗已经四五年了，现在开始和农民携手走上战线。因此，在此次大会提出“全国工农及一切劳苦群众大团结”的口号，以贡献于大会，并祝大会之成功。

第三次全国劳动大会万岁！
中国劳动运动万岁！
中国工农大团结万岁！
中国革命万岁！
世界革命万岁！

中国共产党中央执行委员会
1926年4月20日

3. 中国共产党中央委员会致第四次全国劳动大会的信

第四次全国劳动大会代表、亲爱的同志们：

自“二七”以来，中国工人阶级和本党携手奋斗，已经四年多了。这四年当中，中国工人阶级和本党同志为革命奋斗而为帝国主义、军阀及大资产阶级的代表所屠杀者，遍于全中国南北各省，积尸可以成山，尤其是最近封建、资产阶级的代表新军阀蒋介石及其党徒白崇禧、×××、夏斗寅、许克祥等在南方之屠杀，旧军阀张作霖、张宗昌在北方之屠杀，更为残酷。本党李大钊等同志们在北京之死难，汪寿华等同志们在上海之死难，邓培、李森、刘尔松等同志们在广州之死难，杨昭植等同志们在湖南之死难，其惨烈当为中国工人阶级及本党永远不忘之事。

中国革命愈向前进展，帝国主义愈惊恐发狂地教唆其走狗向中国革命的工人阶级及本党横施屠杀；帝国主义愈惊恐发狂，教唆其走狗之范围愈扩大，不独旧军阀受其教唆，即曾经投机混入革命之新军阀，及一切游疑中立分子，亦受其教唆，转过头来，戴着革命的假面具，向工人阶级及本党毫无顾忌的摧残。

工友同志们！现在和革命势力不相容的，不只是帝国主义及其老走狗张作霖，也不只是帝国主义的新走狗蒋介石，凡是被革命高潮所吓退而接受帝国主义教唆的人，都会自觉的或不自觉的走到反革命那边去；所以中国革命成功的担保，即中国民族脱离帝国主义之压迫剥削而解放的担保，乃是工人阶级及本党同志的血。

现当革命的高潮中，反革命的恶潮亦日益增涨，造成中国革命运动的一大危机。革命的工人阶级正在此危机中召集第四次全国劳动大会，这是有非常严重意义的。

工友同志们！我们在第四次大会时的力量固然比前几次大会时的力量增加了，但是敌人的力量也同时增加了；因为帝国主义的走狗不但是老军阀，现在又加上了大资产阶级及大地主的代表新军阀。我们今后向他们作战的力量，不但要集中工人阶级自己的势力，而且要领导农民阶级和小资产阶级，以结成工、农、小资产阶级的革命联盟，向共同的敌人作战。因为农民阶级、小资产阶级，和工人阶级同样是受帝国主义、新旧军阀及大资产阶级之压迫者，这三个阶级都是中国革命的势力。所以此次大会的中心口号应该是“工农小资产阶级的革命联盟”。

工友同志们！今后革命的争斗将愈加艰难困苦，我们须愈加努力。本党庆祝大会之成功，同时预祝大会后全国工友们和本党携着手奋斗到底，以获得我们的最后胜利！

第四次全国劳动大会万岁！

全中国工人阶级团结万岁！

工农小资产阶级的革命联盟万岁！

中国国民革命万岁！

世界革命万岁！

中国共产党中央委员会

1927 年 6 月 27 日

4. 中国共产党中央委员会给第五次全国劳动大会的祝词

全国劳动大会代表同志们：

在现在资本进攻残酷压榨的时期，在工人斗争与全国革命运动正在复兴的时期，在统治阶级企图镇压革命的复兴、施行残暴的白色恐怖的时期，在军阀战争正在大爆发的时期，在豪绅、地主、资产阶级、国民党受着帝国主义的指使向世界革命的大本营、无产阶级祖国苏联实行反革命的进攻时期，你们受全国工人阶级的委托，于十月革命纪念日举行第五次全国劳动大会，这是在中国工人运动的历史上，将要有不可磨灭的伟大的意义。中国共产党谨向大会致极热诚的共产主义的敬礼！

本党是工人阶级的政党，为工人阶级的解放而奋斗，为世界共产主义革命而奋斗。当此中国革命与国际革命形势都在异常重要的关头，愿以本党目前的政治主张、政策、策略及发展的前途，向大会及全国工人阶级的面前作一概括的说明，使本党的奋斗与全国工人阶级有更密切的联系，而更顺利的走向胜利的前途。

一九二五至一九二七年的革命高潮，以全国工人阶级与农民、劳苦群众的英勇斗争，中国革命的第一阶段——资产阶级民主革命阶段已有很快胜利而转向社会主义前途的可能。可是自私自利的中国资产阶级在经济上、政治上与帝国主义、封建势力都有密切关联，看见革命的发展超过了他一阶级的利益，便马上叛变革命，投降帝国主义，妥协封建势力，而与他们联合一致来压迫革命，采用极野蛮的白色恐怖的手段来摧残工农劳苦群众，尤其是共产党，遂使革命受到严重的打击而暂时失败。

资产阶级叛变革命以后，在帝国主义指使之下建立了封建势力联合的南京政府，镇压工农革命是他们共同的政纲，于是国民党的青天白日旗完全成了白色恐怖的旗帜。

工人农民与共产党的战士，遭受他们屠杀的将近几十万人，就是古代的专制魔君也没有这样的残忍！

于是帝国主义对中国的侵略更加厉害起来，以前工人阶级英勇斗争收回的汉口、九江、镇江的租界，固然被国民党做了投降的礼物奉还了帝国主义，而且许多新的特权都在国民党的卖国外交政策之下断送了。航空送给了美国，海军请英国顾问来管理，山东、满洲因济案的条约，让日本自由驻兵，其他与各国帝国主义订的条约没有一次不是更加上一条奴隶中国的锁链。工人阶级反对帝国主义残酷剥削的斗争，如青岛的纺织工人的罢工、天津电车的罢工、上海法界电车、英界自来水的斗争，没有一次不是在帝国主义与国民党合作压迫欺骗之下而失败。国民党两年政权的卖国成绩，已经超过以前北洋军阀政府十百倍以上。

封建势力也是极显明的恢复起来，军阀割据和对于广大劳苦群众的抽剥，较以前益加厉害，并因此而造成不断的军阀战争。地主阶级对农民压榨尤其是残酷无比，不仅是目前的剥削方法较以前加倍苛虐，而且地主的封建特权又复兴起来：掌握乡村武装可以自由审判、处罚以致屠杀农民，自由抽农民的捐税，甚至公开的掠夺。这就使农民一天一天成为不自由的奴隶。现在国民党所制定的什么乡村自治、土地法令，都是明白的保障地主阶级这些封建特权。如果不是有彻底的土地革命的胜利，中国三万万以上的农民群众决不能从封建的枷锁之下解放出来。

这样的客观条件就加重了中国工人阶级的历史任务，不只是要为社会主义的革命而斗争，而且首先要为反帝国主义、反封建势力的民主革命而斗争。中国资产阶级反革命以后，已经成为帝国主义封建势力的同盟者，已经成为反民主革命的势力；

所以中国民主革命必须坚决的反对资产阶级才能完成。这样就把完成民主革命的历史使命落到了工人阶级的肩上。帝国主义、封建势力和资产阶级的反革命的结合，是非常强大的敌人。工人阶级要战胜这样强大的敌人，必须把广大的革命势力都团结在自己的周围，来一致斗争；所以工人阶级在目前必须极力的为反帝国主义、没收地主阶级的土地、八小时工作制的政纲来奋斗。只有这样的政纲才能把几万万的农民和劳苦群众发动起来，并且只有与几万万农民和劳苦群众的亲密的联合，才能战胜这样强大的敌人。如果把帝国主义、封建势力、资产阶级、国民党通通打倒了，建立了工农代表会议政府，则这一革命的胜利决不只是民主革命的胜利，而且是工人阶级的胜利。在民主革命的时期便把资产阶级打倒了，自然很便利的转变到社会主义的前途；所以民主革命的胜利就是打开了社会主义之门，所以现在为民主革命而斗争就是为社会主义的前途而斗争。并且到了民主革命胜利的时候，资产阶级为要挽救自己的死灭，必定更要实行一切的可能来反对革命；胜利的苏维埃政府为保持这一胜利，自然要马上剥夺一切资产阶级反革命的武器，没收一切银行、工厂、企业，施行更严厉的镇压。这就是已经走到要实行无产阶级革命的政纲，那么在政权上便要进到无产阶级专政；因为如果没有无产阶级专政，决不能实行无产阶级革命的政纲，决不能坚决镇压资产阶级的反革命。所以民主革命的彻底成功，必须有社会主义的胜利才能保障。因此中国革命的前途是异常明显的；不经过民主革命决不能有社会主义革命的胜利，同时没有社会主义的胜利决不能保障民主的革命胜利。重复一句，所以现在为民主革命而斗争，就是为社会主义的前途而斗争。

现在统治阶级建筑在各种矛盾的基础上，帝国主义侵略中国加激，同时各个帝国主义互相抢夺中国的冲突也就益加厉害。

资产阶级与封建势力虽然在压迫工农群众的一点上是一致的，然而他们互相之间在争夺剥削工农的利益上，也就包含了不可调和的冲突，并且在资产阶级与封建势力的本身分成了无数的派别；军阀制度的存在，无可避免的要继续不断的发生抢夺地盘的斗争，这些就是军阀战争接续起来而且不能停止的主要原因。统治阶级的各派谁也不能解决这样复杂的矛盾，谁也不愿让别人单独来垄断中国统治与利益，谁也不能克服各派的敌人，这就造成中国如果没有工农革命的彻底胜利，永远是各派军阀互相争夺局面；无论是谁占到南京政府，都是一样的无法统一无法稳定。可是另一方面，统治阶级这样互相抢夺，更要残酷的压榨工农劳苦群众，逼迫工农劳苦群众只有起来坚决斗争解除自己的痛苦，而这样渐次汇合起来不可避免的成为反统治阶级的革命高潮，同时因为他们抢夺战争不已，自然使他们统治的力量互相削弱而造成革命胜利的客观的可能条件。所以这样的前途是极明显的，统治阶级各派的争夺，要走到各派同时俱倒，工农革命势力取得最后胜利。

但是不管统治阶级各派冲突到如何激烈，对付工农仍然是一致的。假如工农革命运动高涨起来的时候，他们更要很快的互相妥协起来一致来压迫工农。这就告诉我们：只有斗争，只有力量，只有阶级力量的对比，然后才能战胜统治阶级，争取苏维埃革命的胜利。

反革命资产阶级，他也极明白的看清了这样的前途，极力为挽救自己的恶运来挣扎，企图用改良主义的方法来柔化这些矛盾，主要欺骗工农群众，消灭革命斗争。所以他除掉用极残酷的白色恐怖的手段以外，同时雇用很多的走狗到工人阶级中来散布改良主义的思想。所谓国民党的改组派与第三党固然极明显的是资产阶级改良主义的工具，就是南京派也还在不断的传播这样的欺骗，尤其各地的黄色工会的兴起，更是他们把这样的思想深入到工人阶级内部很好的工具。第二国际资产阶级的走狗们，也在特别努力帮助中国资产阶级这样的企图，不止一次的派代表来华教育中国资产阶级建立黄色工会的工作。固然在中国资产阶级这样弱小，无法收买工人贵族来建立强固的改良主义的基础，可是现在各处黄色工会在群众中已经发生了暂时的相当的影响，并且这些影响在工人阶级这样的痛苦的条件之下，再加资产阶级武装警察的帮助，不是绝对没有扩大的可能。所以改良主义尤其是黄色工会，是革命工会运动的最大的敌人；如果革命工会不能深入到群众中去，领导群众的斗争，在斗争中揭破他们的欺骗，提出革命的要求纲领，使广大群众坚决团结到革命要求纲领的周围，那么，革命工会决不能战胜黄色的影响，而树立起强固的群众的基础。所以在群众中与改良主义黄色思想作坚决的斗争，并且加入有群众的黄色工会去发动群众的斗争，在斗争中揭破黄色领袖的欺骗而夺取广大群众到革命工会之下，是目前革命工会第一大的任务。

现在全国工人斗争虽然走到了开始复兴的形势，一厂一业的同盟罢工到处爆发，但是还有不少的弱点。最主要的，一方面是黄色工会的影响还大过于革命工会，仍有使斗争在改良欺骗之下而暂时软化的可能；另一面是群众斗争的勇气尚未十分提高，革命工会的组织尚未强大，还不能促进斗争的高潮。因此革命工会在目前必须特别注意群众的日常要求，指出资本进攻的每一个事实来发动工人的斗争，从不断的斗争的胜利，来提高群众斗争的勇气，来吸收广大群众加入革命工会。这并不是说工会不要领导群众的政治斗争，而是说必须注意从经济的斗争发展到政治斗争，只有经济的深刻斗争愈加尖锐，然后群众的政治认识才能更会深刻；只有经济的斗争愈加扩大，然后群众政治斗争的勇气才能更加提高。现在广大群众的生活痛苦到牛马奴隶还不如的时候，广大的群众已经忍受不住压榨而自发的起来斗争的时候，革命工会如果能特别注意为群众的日常痛苦而斗争，毫无疑问的可以发动广大群众，可以领导广大的群众斗争走向伟大的革命运动。领导群众日常斗争最好的策略，是到每个工厂作坊中去建立工厂委员会的组织。只有工厂委员会能够特别注意为群众的日常要求而斗争，能够发动全厂的工人群众都走向斗争的道路；能够很敏捷的暴露黄色工会的欺骗；能够很便利的扩大革命纲领影响。如果工厂委员会得到了全体工人的拥护，在现在可以因此扩大革命工会的组织，在将来可以成为革命工会的强固的下层基础。因此到每个工厂作坊中去建立工厂委员会的组织，领导群众日常斗争渐次汇合到伟大的革命斗争，是目前革命工会第二个大任务。

现在国民党恐惧革命斗争的发展，极力钳制工人的自由，压迫群众的斗争，用委派、整理、指导、登记的方法来压迫真正工人群众的工会，尤其是革命工会。最近颁布的工会法，简直把群众集会、结社、言论、出版、罢工之自由剥削殆尽。所以革命工会应当坚决的号召群众起来为自由而斗争，反对国民党解散工会，反对一切委派、整理、指导、登记、禁止自由组织工会的把戏，反对压迫罢工，反对压迫工人的工会法。这不只是为争革命工会的公开存在，而且这些争自由斗争的发展，便是在政治上直接向国民党的统治进攻。这一争自由的运动，不只是可以号召工人群众起来，而且可以影响广大的劳苦群众，是有伟大的革命的意义。所以号召群众起来，为争集会、结社、言论、出版、罢工的自由，反对国民党压迫自由而斗争，是革命工会目前第三个大的任务。

帝国主义对中国的压迫，一天一天的更加厉害起来，不只掠夺中国许多经济上、政治上的特权，而且把中国人民看做牛马奴隶不如，任意屠杀，打死中国人的惨案到处发生。尤其是在帝国主义工厂做工的工人，直接在他们宰割之下，待遇苛虐简直无以为生。譬如青岛十万纱厂工人，因日本帝国主义纱厂关门，几乎饿死；所以革命工会应当坚决的起来号召群众的反帝国主义的斗争，反对帝国主义的野蛮暴行，反对国民党的卖国条约，反对帝国主义国民党联合压迫工人，一直领导群众走向彻底驱逐帝国主义的革命斗争。"打倒帝国主义"的口号，现在更成为广大群众的迫切要求。如果革命工会能够坚决的号召群众起来斗争，是可以得到广大群众的拥护，并且可以由此更加巩固工人阶级在革命斗争中的领导地位。这是革命工会目前第四个大的任务。

中国工人阶级革命伟大的同盟军就是几万万的农民群众。他们处在帝国主义、军阀、地主、豪绅、高利贷、商业资本以及反革命的富农数层榨压之下，已经到了奴隶不如、饥饿待死的地位。惟其如是，所以他们革命的要求也就异常的迫切。他们要从这些压迫之下解放出来，只有彻底的土地革命；彻底的土地革命，就是摧毁帝国主义、军阀统治中国的基础，就是根本消灭封建势力以及一切高利贷、商业资本与富农的剥削。所以他们的土地革命的彻底胜利，就是中国民主革命的彻底胜利。所以革命工会应当号召广大工人群众起来，极力帮助农民的土地革命，建立亲密的工农联合，以完成中国的民主革命。这是革命工会第五个大的任务。

特别摆在目前异常严重的问题，就是军阀战争与进攻苏联。军阀战争给与广大群众莫大的痛苦，广大群众不只是因军阀战争遭受更残酷的压榨，而且要遭受炮火的毁灭。军阀战争主要的动力，是由各个帝国主义互相抢夺中国；这就使军阀战争永无停止之时，并且将有进一步的直接冲突，爆发世界大战的危险。现在英、日、美各个帝国主义都在中国加紧军事的准备，最显著的为美国占领航空，英国夺取海军，日本取得山东、满洲做军事的根据地。世界大战的危险，已经异常紧张的临到广大群众的头上。这一浩劫，比之军阀战争还要超过千百倍以上。革命工会应当坚决起来号召广大群众反对军阀战争，反对世界大战！并且告诉广大群众：要消灭军阀战争，消灭世界大战的危险，必须与全世界无产阶级，尤其是工人阶级的国家苏联联合起来。苏联是中国革命的好朋友，是世界大革命的大本营，是全世界无产阶级的祖国。现在国民党在帝国主义指使之下，利用中东路问题积极向苏联进攻，就是为着要镇压中国的工农革命，镇压世界无产阶级的革命，以便更顺利的瓜分中国，瓜分世界殖民地。革命工会应当站在广大群众的前面，号召他们坚决的起来反对国民党帝国主义进攻苏联。这是革命工会第六个大的任务。

最后，革命工会要能执行这些伟大的任务，必须首先注意巩固自己的组织，扩大自己的组织，在不断的斗争中发展起来。这就需要革命工会注意过去组织上的弱点，注意主观方面脱离群众的危险，注意是否有“命令”“委派”的残留。这些都可阻碍革命工会的发展，必须把他彻底肃清。“工会组织群众化、民主化”是目前重要的口号；都必须尽可能的实行民主制度，吸引广大群众参加工会工作，使广大群众认识工会真正的是自己的组织。这是革命工会发展并巩固自己的前提。尤其重要的就是必须特别注意铁路、海员与重工业的工人；这是工人阶级中最主要的力量，这是革命工会最主要的基础。必须将这些重要的产业工人群众都团聚在革命工会的组织之下，然后才能担负领导全国工人斗争、领导全国革命运动的任务。所以实行工会的民主化，强固革命工会的组织，以吸引广大群众参加工会工作，特别注意发展铁路、海员与重工业工人中的组织，是革命工会第七个大任务。

这些伟大的任务都摆在全国工人阶级的前面，也就是摆在劳动大会的前面。中国工人阶级经过极伟大的革命斗争，有了极丰富的经验，我们相信劳动大会的代表必能总合全国工人阶级的经验，对于执行这些伟大的任务的策略与工作，必能给以极完全的解答；将要进一步的领导全国工人阶级为完成这些任务，完成民主革命以及社会主义的胜利而斗争。因此我们断言：此次劳动大会的成功，将是中国革命与工人阶级彻底解放胜利之起点！

中国共产党始终是站在革命的前面，始终要执行工人阶级的先锋队的使命，而与本阶级密切联络的向一切敌人进攻，为中国革命的胜利而奋斗！为工人阶级的解放而奋斗！为世界共产主义的伟大的前途而奋斗！因此坚决的相信必能得到工人阶级以致广大农民、劳苦群众的拥护，而战胜一切敌人！

中国的革命斗争，正在开始复兴了！

世界革命的高潮将要来到我们的前面了！

领导全国工人阶级以及广大农民、劳苦群众，坚决的勇猛的起来斗争呵！

使豪绅、买办、资产阶级以至全世界的帝国主义都在我们的面前发抖！

我们共同高呼：

中国劳动大会万岁！

中国共产党万岁！

赤色职工国际万岁！

共产国际万岁！

打倒帝国主义！

打倒豪绅、买办、资产阶级、国民党！

工农联合万岁！

工农苏维埃革命胜利万岁！

社会主义的胜利万岁！

工人阶级解放万岁！

工人阶级的祖国苏联万岁！

世界共产主义成功万岁！

中国共产党中央委员会

1929 年 11 月 7 日

5. 中国共产党中央委员会给第六次全国劳动大会的祝词

中国解放区工人代表大会主席团转各解放区工人代表及由国民党统治区各大城市远道前来的工人代表们：

亲爱的同志们：我们以最大的兴奋闻悉你们的大会将于八月一日在哈尔滨开幕的消息。自从一九二九年在上海秘密环境下举行的第五次全国劳动大会以来，你们现在所举行的大会是十九年来的第一次。此次大会的举行，表示在无产阶级领导下的我国的人民解放战争已经接近最后胜利，表示全国性的新的大革命时期又已到来，表示国民党反动集团在全国工人中的分裂政策已经最后宣告破产，全国工人运动重新在革命的旗帜下统一起来。因此，全国的工人和职员代表，乃得重新团聚一堂，在业已解放了的自己的城市中，讨论工人阶级命运所系的重大问题。

同志们！当此人民解放军在进攻中节节胜利，新的大革命高潮正在向全国范围内发展，美国帝国主义走狗国民党反动集团的统治业已接近最后崩溃的时候，全国工人阶级的最大任务，就是首先团结自己，并以自己的英勇奋斗与自我牺牲精神去团结农民，独立劳动者，自由职业者，知识分子，自由资产阶级与一切爱国分子，帮助人民解放军，坚决彻底干净全部地歼灭国民党的反动军队，推翻美国帝国主义与国民党反动集团的万恶统治，建立独立自由强盛和统一的中华人民民主共和国。为了这个共同的目的，解放区工人和职员的任务，是在毛泽东同志著名的经济方针，即“发展生产，繁荣经济，公私兼顾，劳资两利”的方针之下，振兴工业，巩固解放区，支援前线。国民党统治区工人和职员的任务，是团结全体职工和全体人民，对美国帝国主义与官僚资本作斗争，对人民解放军的胜利进攻作必要的和可能的配合，并在城市被解放以后帮助民主政府有秩序地接管城市。为了完成这些任务，必须迅速加强工会的工作，团结和教育工人职员群众，使他们成为人民民主共和国的领导力量。我们相信，在历史上有“二七”罢工、“五卅”罢工、省港罢工、上海三次起义和第一次大革命时期普遍全国的罢工斗争和广州起义等光荣传统的、曾经产生过像林祥谦、施洋、刘华、赵世炎、汪寿华、苏兆征、王荷波、郭亮、邓中夏、项英、许白昊、张太雷、罗登贤、杨殷、林育英、邓发等英雄人物的中国工人阶级的今天的代表大会，必能胜利地完成这些光荣的任务。敬祝大会的成功。

中国共产党中央委员会
1948 年 7 月 29 日

6. 中国共产党中央委员会在中国工会第七次全国代表大会上的祝词

（1953 年 5 月 2 日）

同志们！来宾们！

我代表中国共产党中央委员会向中国工会第七次全国代表大会致以热烈的敬礼和祝贺！

中国工人阶级在中国共产党和毛泽东同志的领导下进行了长期的英勇的斗争，并且在革命斗争中经过中国共产党同广大的农民群众建立了最密切的联盟，从农民方面取得了极大的助力，同时，又同其他的民主阶级建立了革命的统一战线，因此，组成了强大的革命力量，战胜了外国帝国主义和国内反革命，赢得了人民大革命的胜利，在革命胜利之后，又巩固了人民民主专政，支持了抗美援朝的胜利斗争，完成了国民经济的恢复工作。这些都是伟大的历史性的胜利。在这些伟大的斗争中，中国工人阶级的广大群众表现了无限的勇敢和勤劳，贡献了自己的智慧，尽了自己在历史上所应该担当的责任。中国共产党中央谨向中国工人阶级的同志们表示感谢。

同志们！我们祖国现正开始进入一个新的历史时期，并向我们提出了新的历史任务，这就是实现我们国家的工业化和逐步过渡到社会主义社会的任务。毛泽东同志说过："没有工业，便没有巩固的国防，便没有人民的福利，便没有国家的富强。"在目前条件下，我们国家的发展，首先要求我国的工业必须有迅速的发展，特别是要发展和建立我国的重工业。我国现有的工业生产水平，不论在数量上和质量上都必须逐年提高，许多工厂将要加以改建和扩建，同时，还要建设许多新的工厂和新的工业生产部门，其他经济事业和文化教育事业也必须适应工业的发展而迅速地发展起来。我们必须使我们的国家逐步地成为具有高度技术水平的工业国。这个事业现已开始，几百个建设工程已经或即将进行，并将以不断扩大的规模继续进行。这个历史任务的胜利完成，将使我们的国家和人民大大富强起来，但这是特别有赖于中国工人阶级作更有组织和更高觉悟的斗争的。

为了完成这个新的历史任务的目的，我们必须尽最大的努力充分地发挥广大工人群众的积极性和创造性，为完成与超额完成国家的经济计划而奋斗！为提高劳动生产率，提高产品质量，严格节约和降低产品成本而奋斗！而这就需要很好地实事求是地去组织工人群众的劳动竞赛，及时地发现和认真地研究一切新的先进的经验与合理化建议，特别要学习苏联的先进经验，并且实事求是地去推广先进经验，不断地提高工人群众的技术水平和文化水平，加紧训练日益增多的新工人，并使老工人用正确的态度去对待新工人，帮助新工人。

为了这个目的，我们必须对工人群众加强共产主义的教育，提高工人群众的觉悟程度，使他们认识到全体人民的利益、国家利益与个人利益的一致性，同时，必须采取批评与自我批评的方法去克服企业中的各种缺点和错误，反对官僚主义，反对破坏劳动纪律的各种现象，大大地巩固劳动纪律。

为了这个目的，我们还必须经常地、密切地关心工人群众的生活状况，在增加生产的基础上，按照必要与可能逐步改善工人的物质与文化生活和工人的工作条件。提高工人阶级以及全体劳动人民的物质和文化福利，并使我们国家不致受到外国帝国主义的侵略，这就是我们国家发展工业以及其他一切措施的最后目的。

我想，在这次大会上，你们是会而且应该很好地讨论这些问题的，这些问题的很好的解决，将使我们今后的工会工作进一步地改变自己的面貌。

中国共产党中央认为中国工会的工作在过去是有成绩的，但还有不少的缺点和错误，希望大家认真地展开批评与自我批评，发扬优点，克服缺点和错误，使今后工会的工作在党的领导下能够得到更多的改进，使我们的工会能够如列宁所说的那样，真正成为“新生活的建设者”，成为“新的千百万人的教育者”。

同志们！中国工人阶级除开应该担负以上所说的国内的责任而外，还必须担负严重的国际责任，这就是说，中国工人阶级必须为全世界工人阶级的团结而奋斗，必须在世界工联的领导下为国际工人运动的统一而奋斗，必须同世界各国的工人阶级和进步人类一道为保卫世界的和平与安全而奋斗。胜利了的中国工人阶级对资本主义各国以及殖民地半殖民地各国的工人阶级和劳动人民，必须诚心诚意地给以各种援助。这是一种光荣的不可推脱的责任，中国工会必须在今后增强这方面工作，使这方面的工作能做得更好。

同志们！作为我们国家领导阶级的工人阶级，它在国内和国际上的责任都是极其重大的，为着逐步地实现我们国家的工业化和过渡到社会主义社会，为着很好地担负我们在国际上的责任，我们必须加强工人阶级本身的团结，必须更进一步地巩固同农民的联盟，巩固同知识分子的联盟，巩固以工农联盟为基础的人民民主阵线。同志们必须看到：全国人民都在注视着我们工人阶级的工作，全世界的劳动人民和进步人类也在注视着我国工人阶级的工作，我们工作的好坏，其影响是很大的。因此，我们工会必须教育全体工人群众，记住毛泽东同志的教诲，不能以过去的工作成就为满足，永远不要骄傲，要时时刻刻地保持着谦逊的学习态度，抛弃不良的习惯和偏见，力求进步，使我们工人阶级的一切工作能够做得更好，这样，才不辜负全国人民和全世界劳动人民的希望。

我们相信：有了中国共产党和毛泽东同志的英明领导，有了中国工人阶级和全体人民的一致努力，有了苏联和人民民主国家及全世界劳动人民的大力援助，我们是一定能够克服各种困难，把中国建设成为一个幸福的社会主义的工业强国的。

在马克思、恩格斯、列宁、斯大林的伟大学说的旗帜下前进！

在我们的领袖毛泽东同志的领导下前进！

全中国工人阶级的团结万岁！

全世界工人阶级的团结万岁！

7. 中国共产党中央委员会给中国工会第八次全国代表大会致祝词

（1957年12月2日）

同志们：

我代表中国共产党中央委员会，向中国工会第八次全国代表大会，向我国工人阶级，致最热烈的祝贺！

这次代表大会举行的时候，正是我国的社会主义革命和社会主义建设取得了伟大胜利的时候。一九五六年，我国已经基本上完成了生产资料所有制方面的社会主义革命，通过一九五七年的全民整风和反右派斗争，又展开了政治战线和思想战线上的社会主义革命，并且也取得了决定性的胜利。我国的工农业生产已经有了巨大的发展。依靠全国工人阶级和全体人民的努力，我国发展国民经济的第一个五年计划已经完成和超额完成，从而为我国的工业化事业奠定了初步基础。我国人民多少年来所向往的社会主义制度，已经基本上建立起来了，任何国外和国内的敌人，再也不可能阻止中国人民沿着社会主义道路前进。

这次代表大会举行的时候，又是世界形势进入了一个有利于社会主义的新的转折点的时候。苏联和其他社会主义各国的力量，全世界广大人民群众的争取和平、民主、民族解放和社会主义的力量，已经明显地超过了帝国主义侵略阵营的力量。苏联发射人造卫星的成功，证明了社会主义制度已经使苏联的科学技术的发展水平在若干最重要方面超过了美国。最近在莫斯科，十二个社会主义国家的共产党和工人党的代表举行了会议，随后六十四个共产党和工人党的代表也举行了会议，这两个会议发表了两个有重大历史意义的宣言。这两个会议的成功，证明了以苏联为首的社会主义各国的团结一致，证明了以苏联共产党为中心的全世界共产主义运动的团结一致。

我国工人阶级和我国人民在今后十年到十五年内的基本任务，就是要在优先发展重工业的基础上，实行工农业同时并举的方针，把我国建成为一个具有现代工业、现代农业和现代科学文化的社会主义强国。为此，就必须把社会主义革命进行到底，在经济战线上和在政治、思想战线上都取得社会主义对资本主义的彻底胜利；同时，必须继续有计划地全面的推进社会主义建设，实现国家工业化和农业现代化。在十五年后，苏联的工农业在最重要的产品的产量方面可能赶上或超过美国，我们应当争取在同一期间，在钢铁和其他重要工业产品的产量方面赶上或者超过英国。那样，社会主义世界就将把帝国主义国家远远地抛在后面。

社会主义工业是我国国民经济的领导力量。工人阶级目前的中心任务，就是坚持执行勤俭建国、勤俭办企业、勤俭办一切事业的方针，掀起新的生产高潮来迎接第二个五年计划，为完成和超额完成新的国家计划而斗争。我们要努力掌握和提高技术，充分发挥企业中的潜在力量，通过社会主义竞赛不断地提高劳动生产率。在不断提高产量和加快建设速度的同时，我们必须注意提高产品质量和工程质量，并且注意节约资金和原材料。我们要实事求是地、合乎实际地贯彻执行又多又快又好又省的方针，使工业生产迅速地向前推进，并且帮助农业生产也能够迅速地向前推进。

为了又多又快又好又省地发展工业生产，我国全体工人和全体企业管理人员必须团结一致，为办好企业而奋斗。我们的企业管理制度是高度的集中和高度的民主相结合的制度。一切企业必须服从党和国家的统一领导和统一计划，并且以严格的劳动纪律来保证千百万人的意志和行动的统一；同时又必须充分发扬职工群众的主动性和积极性，发挥群众的监督作用，吸引群众参加企业管理。在目前的情况下，在企业中需要进一步扩大民主生活。在我们的工矿企业中已经开始实行了在党委领导下的职工代表大会制度，现在又正在用大鸣大放、出大字报、展开大辩论的方法进行整风运动，通过群众中的批评和自我批评，来揭发和克服企业管理和领导作风上的缺点。这些都是扩大企业民主的有效形式。劳动群众是国家和企业的主人，所以在我们的企业中能够实行广泛的民主。这种以办好企业为目的的广泛的民主，不但不妨害企业行政领导的集中，而且正是为了加强集中。这样作的效果，已经为整风运动开展以来的事实所充分地证明了。一切工矿企业都应当坚决地依靠群众，进行彻底的整改，并且使现在整风运动中所用的方法成为经常的工作方法，把它和职工代表大会紧紧地结合起来。工人同志们也要更加发挥当家作主的精神，用群众的力量保证在国家的统一领导下办好我们的企业。在我们国家里，有不少工人同志具有这样一种高贵的品德，他们象爱护自己的家庭一样地爱护企业，把办好企业当成自己的事情，坚决地维护企业管理制度和劳动纪律，密切地关心本企业的生产状况。他们这种爱厂如家的精神，应当在所有的工人中提倡和发扬起来。

进行整风运动，在职工群众中摆事实，说道理，分清是非，这不但是改进工作的好方法，也是群众自我教育的好方法。工人阶级决不因为自己是领导阶级就不需要自我教育了，相反，教育者必先受教育，工人阶级在进行自我教育、自我改造方面也必须起模范作用。在目前时期，资产阶级、小资产阶级的思想不但从外部影响着工人的队伍，而且随着工业的迅速发展，大量的农民、青年学生和其他非无产阶级成分变成了工人，他们还会把种种资产阶级、小资产阶级的思想带到工人队伍内部来。错误思想的影响如果听其泛滥，就会损害工人阶级内部的团结，并且会损害工人阶级和其他人民群众的团结。新工人和年青工人在社会主义建设事业中起了巨大的作用；但是为了把自己锻炼成为有觉悟、有组织、有纪律的阶级战士，能够担当领导阶级的责任，他们就必须用自我教育的方法进行思想改造。在职员和技术人员中，更加迫切地需要进行自我改造，使自己从资产阶级、小资产阶级的知识分子真正变成工人阶级的一分子。同时，职工群众还要和混进工人队伍的一些坏分子进行坚决的斗争，以保持工人队伍的纯洁。

在很多老工人的身上，比较集中地表现了工人阶级的优秀品质，他们是新工人、特别是年青工人应该学习的榜样。老工人和先进工人应该继续提高自己的觉悟，努力成为工人队伍中自我改造和加强团结的核心力量。

过去几年来，工人群众不论在阶级斗争的战线上或者在生产战线上都做出了巨大的贡献。今后中国工人阶级应当更加提高自己，更好地负起领导阶级的责任。在我们前进的道路上，还要进行许多复杂的斗争，克服许多困难。为了顺利地进行社会主义事业，我们不但要严肃地解决各种敌我矛盾，而且要正确地处理人民内部的各种矛盾。在这些斗争中，每一个觉悟的工人都应当表现出自己的先锋作用和模范作用。工人阶级应当勇于承担建设过程中的一切艰难和困苦，并且用实际行动来表现出它是最不自私，最能为全体人民的整体利益而坚持奋斗的阶级，使自己真正取得广大人民群众的信任。

工人阶级作为一个领导阶级，考虑问题要从六亿人口出发，而不是只从某一部分人出发；要从发展社会主义事业的长远利益出发，而不是只从眼前的利益出发。这样，工人阶级才能够担负起它在历史上所应当担负的任务。在改善生活问题上，工人阶级应当照顾到全国人民主要是农民的生活水平还比较低的情况，力求使工农生活水平比较接近，以利于加强工农联盟。

最近，国务院公布了四项有关劳动工资和劳保福利问题的规定草案，就是本着这种精神提出来的。我们相信，这些规定一定能够得到全国工人群众的积极支持。

我们的工会过去在团结和教育工人群众方面做了很多的工作，对于社会主义建设事业起了很大的作用。工会应当继续努力做好自己的工作，克服工作中的缺点。各级党组织应该加强对于工会工作的领导，使工会真正成为广大群众的共产主义学校，并且通过工会而使党和自己的阶级密切地联系起来。某些工会组织中存在的官僚主义、宗派主义、主观主义的倾向，必须在整风运动中坚决加以纠正。一切工会工作的干部都应该在生活上同群众打成一片，真正做到熟悉生产、深入群众、坚决克服脱离群众、脱离实际的作风。工会工作者面临着复杂的任务：他们需要善于正确地处理国家、集体和个人的关系，善于正确地处理生产和福利、长远利益和目前利益的关系，善于正确地处理行政和群众的关系，善于处理这一部分工人和那一部分工人的关系。但是工会工作者不应当害怕困难，而要在克服困难中创造出好的工作方法和工作作风，并且把自己锻炼成为坚强的干部。

工会还必须加强对于工人群众的国际主义和爱国主义相结合的教育，加强同世界各国工人阶级的联系和团结。我们要同全世界工人阶级在一起，为保卫世界和平和发展人类进步事业而奋斗。我们要虚心地向苏联和其他社会主义国家的工人阶级学习，也要向其他一切国家的工人阶级学习。世界各国工人阶级对中国的社会主义事业表示了热情的支持，这是中国人民所十分感谢的；中国工人阶级和中国人民也要支持一切国家中的工人阶级和广大人民群众的正义斗争。全世界工人阶级的团结是各国人民团结的支柱，有了这个团结，和平、民主、社会主义的事业就有了胜利的保证。

中国共产党中央委员会相信，中国工会第八次全国代表大会一定能够完成自己的任务，把中国工人阶级的团结、中国工人阶级和全国人民的团结、中国工人阶级和全世界工人阶级的团结推进到一个新的阶段，从而使我们的事业得到更大的胜利。

中国工人阶级的团结万岁！

全世界工人阶级的团结万岁！

8. 中国共产党中央委员会和国务院在中国工会第九次全国代表大会上的致词

（1978 年 10 月 11 日）

同志们：

中国工会第九次全国代表大会的召开，对我国工人运动的发展和加快实现四个现代化，具有重要的意义。我代表党中央和国务院，向大会表示热烈的祝贺，向全体到会的代表同志们，向战斗在各条战线上的全体职工同志们致以亲切的慰问。

全国第六次劳动大会和工会第七次、第八次全国代表大会所规定的工人运动的路线、方针、任务是正确的。全国总工会和各级工会组织在党的领导下做了许多很好的工作，对全国的社会主义革命和社会主义建设的胜利发展起了重大的作用。在党的领导和工会的帮助下，全国各民族各地区各工业部门都涌现了一批劳动模范和工人阶级的革命骨干，他们至今还是我们学习的榜样和团结的核心。

但是，这些年来，林彪、“四人帮”使工会工作完全瘫痪，他们扶植一批坏人，把持工人团体，使它们成为自己篡党夺权的工具。他们在工人中煽动资产阶级派性，煽动武斗，煽动停工停产，反对各厂矿企业的革命干部、劳动模范和工会积极分子，加以野蛮的迫害和摧残。他们制造各企业和整个工业、整个国民经济的无政府状态，反对社会主义的计划经济，反对各尽所能、按劳分配的原则，反对一切合理的规章制度，破坏劳动纪律。他们的这一切反革命罪行造成了极为严重的后果，同时，也在全国工人阶级中引起了极大的革命义愤。各地都有大批先进分子不怕他们的白色恐怖，同他们进行了英勇不屈的斗争。斗争的实践证明，我国工人阶级不愧是一个久经考验的立场坚定的革命领导阶级。

粉碎“四人帮”后的两年中，在党中央的领导下，揭批“四人帮”，拨乱反正，情况起了根本的变化，形势越来越好。很明显，林彪、“四人帮”在工人队伍中所散布的流毒和造成的恶果，还要下很大的功夫去肃清，整顿队伍的工作还要在每个企业中完全落实。我们一定要把揭批“四人帮”的斗争进行到底。但是同样很明显，这个斗争在全国广大范围内已经取得决定性的胜利，我们已经能够在这一胜利的基础上开始新的战斗任务。

党的十一大和五届人大已经向全国人民提出在本世纪末实现社会主义的四个现代化的伟大目标。现在党中央、国务院要求加快实现四个现代化的步伐，并且为此而提出了一系列政策和组织措施。中央指出：这是一场根本改变我国经济和技术落后面貌，进一步巩固无产阶级专政的伟大革命。这场革命既要大幅度地改变目前落后的生产力，就必然要多方面地改变生产关系，改变上层建筑，改变工农业企业的管理方式和国家对工农业企业的管理方式，使之适应于现代化大经济的需要。为了提高经济发展速度，就必须大大加强企业的专业化，大大提高全体职工的技术水平并且认真实行培训和考核，大大加强企业的经济核算，大大提高劳动生产率和资金利润率。因此，各个经济战线不仅需要进行技术上的重大改革，而且需要进行制度上、组织上的重大改革。进行这些改革，是全国人民的长远利益所在，否则我们不能摆脱目前生产技术和生产管理的落后状态。中央相信，为了社会主义的利益，为了四个现代化的利益，全国工人阶级一定会在这些改革中起大公无私的模范先锋作用，各工会组织一定会用深入群众的宣传组织工作积极协助各企业顺利地实现这些改革，为革命和建设的事业做出新的杰出贡献。工人阶级最重要的特点之一就是同社会化的大生产相联系，因此它的觉悟最高，纪律性最强，能在现时代的经济进步和社会政治进步中起领导作用。我们希望工会第九次全国代表大会能对当前的形势进行深入的讨论，以便团结全体会员，在揭批“四人帮”的斗争取得完全胜利的基础上，为迎接这一伟大任务而斗争。

工会要教育全体会员认识实现四个现代化的伟大意义，努力提高自己的政治、经济、管理、技术、文化水平。工人阶级要发扬艰苦奋斗、大公无私、严守纪律、服从调动、爱厂如家的光荣传统，团结一致，克服“四人帮”所煽动的资产阶级派性和无政府主义的残余。工人阶级要用最大的努力来掌握现代化的技术知识和现代化的管理知识，为实现四个现代化做出优异的贡献。任何人对四个现代化贡献得越多，国家给他的荣誉和奖励就越多，这是理所当然的。党中央和国务院已经决定，为了表彰先进，庆祝中华人民共和国三十周年，准备在明年召开工交、基建、农林、财贸、文教、科技战线的全国劳模大会。希望全国职工群众用丰硕的成果来迎接新长征中第一次盛大的群英会。

我们的企业要实行党委领导下的厂长或经理负责制，要建立强有力的生产指挥系统。工会要教育全体会员维护企业实行高度集中的行政领导，维护生产指挥系统的高度权威。只有这样，才能有效地克服现在普遍存在的无人负责现象，才能正常地、有秩序地组织生产。也只有这样，才能不断地扩大再生产，增加利润，同时不断地改善职工生活，从而确实保证国家利益、集体利益和个人利益的统一。工会要教育全体会员积极参加企业的管理。为了实现四个现代化，我们所有的企业必须毫无例外地实行民主管理，使集中领导和民主管理结合起来。今后各个企业的车间主任、工段长、班组长要由本车间工段和班组的工人选举产生。企业的重大问题要经过职工代表大会或职工大会讨论。企业的领导干部要在大会上听取职工意见，接受职工的批评和监督，某些严重失职或作风恶劣的领导人员和管理人员，大会有权向上级建议处分或撤换。各企业的工会，将成为职工代表大会和职工大会的工作机构。因此，工会再不是有些人所认为的那种可有可无的组织了。工会工作的好坏怎么样，影响着工人当家作主的权利行使得怎么样，也影响着企业管理的好坏怎么样，影响着集中领导能否顺利进行。这就是说，一个企业管理得好，不仅是企业党政干部的成绩，也是全企业工人群众的成绩，也是工会工作的成绩。

工会要努力保障工人的福利。我们的国家还很落后，工人的福利不可能在短期间有很大的增长，而只能在生产增长特别是劳动生产率增长的基础上逐步增长。但是这决不能成为企业领导不关心工人福利的借口，尤其不能成为工会组织不关心工人福利的借口。就目前的条件下，企业领导在这方面还是有大量的工作应该做，工会组织有更大量的工作应该做。工会组织要督促和帮助企业行政和地方行政在可能的范围内，努力改善工人的劳动条件、居住条件、饮食条件和卫生条件，同时要在工人中间积极开展各种形式的互助活动。

无论要作好以上哪一项工作，工会组织都必须密切联系群众，使广大工人都感到工会确实是工人自己的组织，是工人信得过的、能替工人说话、替工人办事的组织，是不会对工人说瞎话、拿工人的会费做官当老爷、替少数人谋私利的组织。工会要为工人的民主权利奋斗，反对形形色色的官僚主义，它本身就必须是民主的模范。工会要教育工人艰苦奋斗、大公无私、严守纪律，服从调动，爱厂如家，工会干部自己就必须在所有这些方面都成为模范。只要工会这样做了，工会就会在工人群众中享有很高的威信，可以为四个现代化作出重大的贡献。凡是在揭批运动已经进行得比较彻底的地方，我们的党、行政、青年团的工作就都有责任干出显著的成绩来，我们的工会就同样有责任使工作干出显著的成绩来，一定要三年大见成效，我们不能老是把工作中的问题推给“四人帮”的流毒。如果“四人帮”的流毒老是没有肃清，那么，这个老是没有肃清的状况，责任还是在我们自己。只要我们大家都这样来严格要求自己的工作，我们党和国家的事业就一定会兴旺发达起来，我们的四个现代化的伟大理想就一定能够加快实现。

同志们！我国工人阶级在建设自己国家的同时，一定要时时刻刻记着全世界无产阶级、被压迫人民和被压迫民族。我们要进一步加强同全世界工人阶级和革命人民的团结，支持他们反帝、反殖、反霸，争取和维护民族独立以及争取社会进步的斗争，为全世界工人阶级的解放和人类的进步事业做出应有的贡献。我国工人阶级也要虚心学习各国工人阶级的斗争经验，学习他们的先进科学技术，来加快实现我国的四个现代化。

同志们！我们的事业无比壮丽，我们的前途无限光明。让我们高举毛泽东思想的伟大旗帜，在党中央领导下，同心同德，一往无前，为实现中国工人阶级新的伟大历史使命——在本世纪内把我国建设成现代化的伟大的社会主义强国，努力奋斗！

9. 中国共产党中央委员会和国务院在中国工会第十次全国代表大会上的致词

（1983 年 10 月 18 日）

同志们：

中国工会第十次全国代表大会，是我国工人运动发展史上的一次重要会议。这次大会对团结全国各族职工，努力开创社会主义现代化建设的新局面，开创工人运动的新局面，开创工会工作的新局面，将产生重大的推动作用。我代表党中央和国务院，向大会表示热烈的祝贺！并向参加大会的全体代表，向做出了优异成绩的劳动模范、先进工作者和优秀工会工作者，向为现代化建设积极劳动、辛勤工作的全体职工同志们，致以亲切的慰问和崇高的敬意！

半个多世纪以来，我国的工人运动，一直是同我国整个革命和建设的历史进程紧密结合的，是随着革命和建设事业的发展而不断向前推进的。中国工人阶级在自己的先锋队中国共产党领导下，在长期的民主革命、社会主义革命和社会主义建设中，建立了伟大的历史功绩。粉碎“四人帮”以后，在党的十一届三中全会路线的指引下，他们同广大人民群众团结在一起，为克服十年内乱留下来的重重困难，实现伟大的历史性转变，做出了新的历史贡献。我国工人阶级不愧是久经考验的革命领导阶级，广大职工群众不愧是建设社会主义的主导力量。

现在，我国工人运动已进入了一个新的发展阶段。实现党的十二大确定的宏伟目标，在不断提高社会经济效益的前提下，力争到本世纪末使全国工农业年总产值翻两番，把我国建设成为现代化的、高度文明、高度民主的社会主义国家，是全国人民共同的历史使命，也是新时期工人运动的根本任务。适应这个根本任务的要求，必须提高广大职工的思想政治素质和科学文化素质，在两个文明的建设中发扬工人阶级的主人翁精神。这个问题解决得好不好，关系到能否充分发挥职工群众在现代化建设中的主导作用，关系到工人运动能否沿着正确的方向胜利前进。工会应当把解决好这个问题当做自己的首要职责。

工人阶级所以最先进，最有组织性纪律性，不仅因为它是新的生产力和生产关系的代表者，而且因为它拥有科学共产主义的思想武装。但是，科学共产主义思想不是在工人阶级中自发产生的，工人群众只有经过认真的学习，才能掌握这种阐明工人阶级历史使命的科学思想，成为自觉地推动历史前进的最先进的社会力量。十年内乱在一部分工人，特别是青年工人中造成了思想混乱，它的遗毒现在还没有完全清除。在对外开放、对内搞活经济的新的历史条件下，一部分缺乏辨别是非能力和意志薄弱的职工，容易受资本主义腐朽思想和其他非无产阶级思想的侵蚀和污染。这些情况必须引起我们的高度注意。工会要同企业的党政组织密切配合，坚持不懈地对广大职工进行马克思列宁主义、毛泽东思想的基本理论教育，进行爱国主义、集体主义、社会主义、共产主义的教育，同时要针对职工的思想实际，加强日常的思想政治工作。我国工人阶级不论在组织上还是在思想上都是最强大的阶级，过去在革命斗争的艰苦岁月中，他们能够抵制和克服各种反动思想的侵蚀，今天也一定能够抵制和克服各种精神污染。近几年来，不少地方的职工已经创造出许多自我教育的好形式，他们在本质上就是用工人阶级思想战胜各种精神污染。工会应当总结、推广和发展这些经验，进一步提高职工群众同精神污染做斗争的自觉性。通过这种斗争，通过加强思想政治教育，广大职工一定能够把自己锻炼成为一支有理想、有道德、有文化、守纪律的坚强队伍。

教育、科学、文化是经济建设和社会发展的智力基础，也是提高企业素质的智力基础。广大职工只有刻苦学习，掌握必要的科学技术文化知识，具备较高的劳动技能和管理水平，才能在现代化生产中，在改善企业的经营管理，提高企业和社会的经济效益中，充分发挥自己的作用。而且，提高科学文化水平，是发展职工的劳动积极性和社会政治积极性的重要条件。各级工会应切实担负起动员和组织职工学习科学文化的责任。要使职工群众真正懂得尊重知识、尊重知识分子，完全符合工人阶级和全民族的根本利益，是工人阶级必须具有的社会品格，真正懂得不用现代科学文化知识武装自己，就不可能成为一个合格的社会主义物质文明和精神文明的建设者。工会要和有关部门、有关方面协同一致，群策群力，办好职工的科学文化的正规教育。同时，要积极为职工的自学创造条件，鼓励他们自学成才。

工会既要努力为提高职工的素质服务，还要切实代表和坚决维护职工的利益。在我们的国家里，全体人民有着共同的经济政治社会利益，没有根本的利害冲突。但是，由于劳动分工、经济形式等等的不同，各部分人民又有着各自不同的特殊利益。这些特殊利益，只要不同社会总的利益相冲突，就应当受到尊重。我们党的全部纲领和活动，代表和体现着工人阶级以及全体人民的根本利益和社会发展的最高利益，代表和体现着人民当前利益和长远利益的统一。党通过各方面的工作和政策，正确地协调各部分人民的具体利益关系。工会是党联系职工群众的纽带和桥梁，同时又是职工群众自身利益的保护者。团结本组织的成员积极参与国家的建设和管理，代表本组织成员的利益，是工会以及青年团、妇联这些群众组织必须具有的作用。在我国的政治体制中，工会、青年团、妇联，都应当是党领导下的有职有权、能够独立负责地开展工作的重要团体。各级党组织和各级政府，一定要大力支持工会的工作。历史经验已经说明，那种把工会按照自己的职权独立负责地进行工作，同“向党闹独立性”、“工团主义”等等混为一谈，是完全错误的。

各级工会必须旗帜鲜明地同一切危害职工利益的现象作坚决斗争。要同领导工作中存在的各种对党对人民不负责任、无视职工民主权利、不关心职工生活的官僚主义做斗争。要同工会成员中存在的各种损害国家、集体利益的行为做斗争。工会要教育职工发扬艰苦奋斗、大公无私、严守纪律、服从调动、爱厂如家的光荣传统和革命精神，把国家、集体和个人的利益正确结合起来，努力纠正纪律松弛，消极怠工，“一切向钱看”，利用工作上的方便损公肥私的错误行为。要动员和组织职工群众积极参加打击经济犯罪和其他刑事犯罪的斗争，积极参加反对危害社会主义秩序的不良倾向的斗争，促进社会风气的根本好转。不进行这些斗争，就不可能维护国家、社会的利益，也不可能维护职工群众的自身利益。各级工会要坚决扫除“衙门”作风，深入职工群众，倾听他们的呼声，反映他们的要求，尽力帮助他们解决各种急需解决的困难和问题，多为他们做实事、做好事。这样，我们的工会组织就会得到职工群众真心实意的拥护，就会保持强大的生命力，就会成为名副其实的“职工之家”。

同志们！我们这次大会是在党的十二届二中全会之后举行的。二中全会通过了《中共中央关于整党的决定》，这个决定和邓小平同志、陈云同志在会上的重要讲话，都是非常重要的文件，对于工会工作以至整个工人运动都有巨大的指导意义。在党的领导下，在伟大壮丽的社会主义现代化事业中，我国工人阶级和我国人民是大有作为的。我们相信，经过工会第十次全国代表大会，全体工会工作者和全国各族职工，必将更紧密地团结起来，更好地履行自己的历史职责，必将为夺取我国现代化建设的新的胜利，为开拓我国工人运动的光明前程，做出更大的贡献！

10. 中国共产党中央委员会和国务院在中国工会第十一次全国代表大会上的祝词

（1988 年 10 月 22 日）

同志们！

中国工会第十一次全国代表大会，对于动员全国工人阶级投身全面深化改革和社会主义现代化建设的伟大事业，对于推进中国工会的改革，具有重要意义。我代表中共中央和国务院，向大会表示热烈祝贺！向大会的全体代表，向工业、交通、财贸、基建、教育、科技、文化、卫生、体育等各条战线上的劳动模范、先进工作者和工会工作者，向为改革和建设事业辛勤劳动的全体职工同志们，表示亲切的慰问和崇高的敬意！

我们这次大会，是在中国共产党十一届三中全会十周年前夕召开的。十年来，我们的社会主义建设，是在改革开放中进行的。实践证明，党中央制定的关于改革开放的路线、方针和政策，符合我国社会主义初级阶段的基本国情，有效地促进了我国社会主义商品经济的发展，大大地解放了社会生产力，带来了国民经济的繁荣和人民生活的改善；同时，也促进了社会稳定、民族团结和民主政治的发展。全国人民，全体职工，都是这一伟大变革的主体，都是积极的推动者和参与者，都为改革和建设事业作出了贡献。同时，又都是改革的受益者，大家在日常生活中都可以切实感受到我们国家所发生的历史性变化。

但是，在我们前进过程中，确实存在着一些不容忽视的问题。

今年以来出现的明显的通货膨胀和物价上涨幅度过大，引起了各方面的关注和焦虑。刚刚结束的党的十三届三中全会，认真讨论了这个问题。全会认为造成这种情况的根本原因是经济过热，社会总需求超过了社会总供给。在过去凭证限量供应的情况下，总需求超过总供给往往表现为隐性的通货膨胀，而在大部分票证废除和部分物价放开之后，总需求超过总供给就直接表现为物价上涨。解决总需求超过总供给的问题，需要两个基本条件：从体制上讲，必须建立企业自负盈亏、自我约束的机制；从工作指导上讲，必须加强宏观调控。我国现在正处在新旧体制转换时期，企业和地方、部门的自我约束机制尚未真正建立，在这种情况下，更要强化和改善国家对经济生活的宏观调控，不能过早地放弃包括行政手段在内的各种直接调控手段。三中全会已经决定：为了坚决抑制社会总需求膨胀，为了改善和增加有效供给，把明后两年改革和建设的重点突出地放到治理经济环境和整顿经济秩序上来，同时加快企业改革的步伐。国务院正在制定和采取一系列具体的政策和措施，保证这个重大决策落实。可以预期，在全国人民、全体职工的共同努力下，明年的物价上涨幅度将明显低于今年，今后的物价上涨幅度也是可以控制得住的。

社会分配中的某些不公正现象和发生在某些党政机关工作人员中的腐败行为，也引起了人民群众的强烈不满。这些消极腐败现象，是借新旧体制转换的漏洞，滋生在我们健全肌体上的毒菌。我们的经济生活，同十年以前相比，是活跃得多、繁荣得多了；但法制远未健全，企业行为和市场竞争远没有规范化，国家监督系统和社会监督机制很不严密，使消极腐败现象的产生有了可乘之隙。许多国家在发展商品经济的一定阶段，由于法制、规则和各种秩序尚未确立，因而在取得经济繁荣的同时，未能避免政权机关的腐败。我们是社会主义国家，有共产党的领导，党和政府应当而且有能力约束自己的党员和国家公职人员，把各种腐败现象减少到最低限度。我们进行的社会主义现代化建设，既要保证生产力的发展和经济的繁荣，又要保持政府的廉洁和社会的公平。这两个方面，必须兼求并得，决不能顾此失彼。我们党在社会主义初级阶段的路线有两个基本点，一是坚持四项基本原则，一是坚持改革开放的总方针总政策。毫无疑问，随着改革的全面深入，随着社会主义商品经济新秩序的逐步建立，我们将从体制上根除产生各种混乱现象的土壤。但是，我们不应该等到那个时候再去抓反腐败的斗争。我们应当充分发扬我们固有的政治优势，切实加强党的领导作用、核心作用和保证监督作用，严肃党纪政纪法纪，改进和加强思想政治工作，动员全党全社会的力量来制止消极腐败现象的滋生蔓延。党中央深信，开展反腐败的斗争，纠正已经出现的各种消极混乱现象，一定会得到全国人民特别是工人阶级的全力支持，一定会取得扎扎实实的成果。

党的十三届三中全会决定，以治理环境、整顿秩序和深化改革为中心内容，在全国范围内进行一次广泛、深入的形势教育。现在各级党委正在进行部署。党中央希望，各级工会组织都能积极地投入到这项工作中去，深入群众，同广大职工一起，认真分析和正确对待当前出现的各种新情况新问题，区分哪些是改革和发展中必须实行的政策，哪些是必须通过深化改革和加强制度建设积极创造条件加以克服的消极现象，哪些是因为工作缺乏经验或失误带来的暂时的局部问题，哪些是必须严肃处理的破坏国家和人民利益的违法乱纪行为。通过分析，使广大职工能够更好地理解改革，充满必胜的信心，自觉地投身到治理环境、整顿秩序和深化改革的事业中来，为逐步建立社会主义商品经济新秩序作出应有的贡献。

同志们！过去十年，中国工会经历了第九次、第十次全国代表大会。这两次大会所规定的我国工人运动和工会工作的路线、方针和任务，都是正确的。全国总工会和各级工会组织，作为我们党联系工人群众的桥梁和纽带，作为我们国家重要的社会政治团体，团结广大职工投身改革开放事业，投身社会主义物质文明和精神文明建设，在国家的经济繁荣和社会安定中发挥了重要作用，作出了巨大成绩。对于这一切，党中央、国务院和全国人民给予高度的评价和由衷的感谢！

全面深化改革，需要依靠和发挥全体工人阶级的积极性、主动性和创造精神，落实《企业法》关于职工参加民主管理的规定。工人阶级是我国的领导阶级，是推动社会发展和进步的强大力量。我们的企业是社会主义社会的企业，党的方针政策和国家的法律制度，国家的总体利益和企业的具体利益，经营者的利益和职工的利益，当前利益和长远利益，都应在企业中得到合理的体现和统一，整个企业是一个利益共同体。没有经营者、业务技术人员和全体职工积极性的全面发挥，企业不可能办好。在旧的体制下，企业缺乏自主权，职工的权益无法真正实现。几年来，我们从体制、制度和政策措施上，强调了扩大企业的自主权、树立企业行政管理的权威和贯彻按劳分配的原则，这都为发挥职工群众在企业的主人翁作用创造了前提条件。但应当看到，在经营权和所有权分离以后，不仅应该强调经营者的管理权威，而且应该重视职工的民主管理和政治荣誉。经营者的权威，不可能离开劳动者的积极性孤立存在。职工的物质利益，不可能离开职工的民主权利单独实现。企业的兴衰成败，有赖于包括经营者在内的全体职工的共同努力。在深化企业改革的各项工作中，都应当掌握并体现这些原则。所有职工，都必须毫无例外地服从行政管理的权威。所有企业的领导人员，都必须毫无例外地尊重职工的民主权利，接受职工群众的批评和监督。领导人员、业务技术人员和普通职工，都应当以主人翁的责任感关心企业的前途，关心国家的命运。企业如此，其他事业单位也应如此。党中央相信，中国工人阶级一定能够发挥觉悟最高、纪律性最强的光荣传统和开拓进取的时代精神，不断提高自身素质，在民族振兴、社会进步中贡献自己全部的热情、智慧和创造力量！

在社会主义条件下，职工群众既有同其他社会成员共同的利益即国家总体利益，也有自己的具体利益。过去忽视工会必须维护职工具体利益这一面，给工会建设带来过不应有的消极影响。我们应当认真吸取工人运动正反两方面的经验教训，按照党的十三大的精神，把以经济建设为中心，在维护全国人民总体利益的同时，更好地表达和维护职工群众的具体利益，作为我国工人运动和工会工作的一项基本指导原则，使工会更好地履行自己的社会职能。

工会组织要实行群众化和民主化，克服和防止行政化的倾向。要增加工会工作的透明度，按照会员的要求和愿望组织活动。要在各级工会选举中，引入竞争机制，改变一些地方存在的委派和随意调动工会干部的现象。

职工群众工作、生活、学习在基层，基层工作的好坏，与职工息息相关。企业是商品生产和经营的直接承担者，全国人民总体利益和职工具体利益的实现，归根结底都取决于企业的经济效益。工会只有把工作重点放在基层，放在企业，做好基层工会的工作，才能真正成为职工群众信得过的自己的组织。工会的各级领导人员，都应当面向基层，深入群众，倾听他们的呼声，反映他们的要求，帮助他们提高思想道德和科学文化素质，解决困难和问题，切实为基层服务。基层工会尤其要密切联系群众，健全民主制度，在处理本单位内部矛盾中起积极作用，成为维护社会安定团结的重要支柱。

在我们国家中，工会和政府在根本利益上是一致的。这是处理工会同政府关系的基本前提。工会应当维护政府的权威，教育职工遵守国家法律和法规，支持政府的工作，作政府的坚强支柱。政府应当尊重和保护工会的合法权益，扩大工会对国家事务的民主参与和社会监督，健全同工会的协商对话制度。各级政府及其有关部门在讨论决定涉及职工切身利益的重大问题时，应吸收工会代表参加，认真听取工会意见。近几年来，某些涉及职工利益的政策措施，已由政府部门同工会联署发布。这是一种很好的做法，今后应该继续坚持。

中国工会是中国共产党领导下的工人阶级的群众组织。工会的这一性质，决定了它既不应离开党的路线、方针、政策，又不能在组织隶属关系上等同于党委的一个部门。党对工会的领导是政治领导，即政治原则、政治方向的领导，以及推荐全国和地方总工会的主要负责人。各级党委必须把工会工作摆上重要议事日程，认真研究工会工作中的重大问题。要理顺党同工会的关系，使工会在党的领导下，依照法律和工会章程的规定，真正独立自主地开展工作。党组织要通过在工会中工作的共产党员，以自己卓有成效的工作和以身作则的模范作用，说服、动员、吸引广大工会会员理解和支持党的方针、政策，使党的主张通过工会的决议贯彻到广大职工中去。

同志们！我国的改革和建设事业，正处在十分重要的关键时期，中国工人阶级肩负着光荣艰巨的历史重任。党中央希望，我国工会组织在党的领导下，积极稳妥地推进工会的自身改革，更好地代表和团结广大职工，为全面深化改革，为社会主义现代化建设，做出更大的贡献！

11. 中国共产党中央委员会和国务院在中国工会第十二次全国代表大会上的祝词

（1993 年 10 月 24 日）

同志们：

中国工会第十二次全国代表大会，是在我国改革开放和现代化建设进入蓬勃发展新阶段的形势下召开的。这是全国亿万职工政治生活中的一件大事。开好这次大会，对于深入贯彻党的十四大精神，充分发挥工人阶级的主力军作用，推动有中国特色社会主义事业的发展，进一步开创工人运动和工会工作的新局面，具有重要的意义。我受党中央、国务院的委托，向大会表示热烈祝贺！向与会全体代表，向各条战线上的劳动模范、先进工作者，向全国广大职工群众和工会干部，表示亲切的慰问和崇高的敬意！

我国工人阶级是一支特别能战斗的队伍，始终是推动社会前进的最基本的动力。我国工人运动有着光荣的传统，始终是革命和建设事业的重要组成部分。新民主主义革命时期，我国工人阶级在中国共产党的领导下，同广大农民结成亲密的联盟，以自己特有的坚决彻底的革命精神和无所畏惧的英雄气概，前赴后继，浴血奋战，为推翻三座大山，建立新中国，立下了不朽的功勋。社会主义革命和建设时期，工人阶级发愤图强，艰苦创业，为建立和巩固社会主义制度，全面开展社会主义建设，创造了辉煌的业绩。党的十一届三中全会以后，我国进入了新的历史时期。党领导全国各族人民沿着邓小平同志指引的有中国特色社会主义道路胜利前进，取得了举世瞩目的伟大成就，整个国家焕发出勃勃生机。在改革开放和现代化建设的伟大历史进程中，工人阶级开拓进取，团结奋斗，为推进社会主义物质文明和精神文明建设，做出了新的重大贡献。历史已经证明并将继续证明，我国工人阶级不愧是同社会化大生产相联系的觉悟最高、纪律性最强的阶级，不愧是国家的领导阶级，不愧是推动社会进步的中坚力量，不愧是革命和建设的主力军。

党的十四大明确确定了九十年代我国改革和建设的主要任务，向全国人民展示了奔向二十一世纪的光辉前景。我国的社会主义现代化建设正处在关键时期，中华民族正面临着难得的历史性机遇。在新的形势和任务面前，不失时机地推进改革开放，加快建立社会主义市场经济体制，促进经济持续、快速、健康发展，对实现我国社会主义现代化建设的宏伟目标，具有决定性的意义。我国工人阶级新时期的伟大使命，就是同全国人民一道，高举建设有中国特色社会主义的旗帜，全面贯彻党的基本路线，牢牢把握经济建设这个中心，坚定不移地发展社会主义市场经济，坚定不移地发展社会主义民主政治，坚定不移地发展社会主义精神文明，为把我国建设成为富强、民主、文明的社会主义现代化国家而努力奋斗。

工人阶级要肩负起伟大使命，就要努力为加快经济发展多做贡献。社会主义的根本任务是解放和发展生产力。经济建设是一切事业和整个社会进步的基础。

要巩固社会主义制度，增强我国的综合国力，提高人民生活水平，充分发挥社会主义的优越性，在日益激烈的国际竞争中永远立于不败之地，最根本的是坚持党的基本路线，集中精力把经济建设搞上去。工人阶级作为推动社会历史发展的先进阶级，要以高度的历史使命感和主人翁责任感，以解放和发展生产力为己任，积极投身经济建设的伟大实践。要继续发扬艰苦创业精神，英勇劳动，勤勉敬业，奋力拼搏，竭诚奉献。要立足本职，学赶先进，争创一流，广泛开展劳动竞赛、合理化建议、技术革新、技术协作和发明创造活动，千方百计提高质量，增进效益，发展生产，为我国经济建设再上新台阶建功立业。

工人阶级要肩负起伟大使命，就要更加自觉地站在改革开放前列。改革是一场深刻的革命，是解放和发展生产力的必由之路，是包括工人阶级在内的亿万人民群众自己的事业。按照十四大的要求，建立和完善社会主义市场经济体制，积极推进各方面的改革，直接关系到我国社会主义现代化建设的进程。工人阶级要积极参加改革，热情支持改革，努力为改革贡献才智和力量。企业改革是整个经济体制改革的基础，是建立社会主义市场经济体制的中心环节。转换国有企业特别是大中型企业的经营机制，是当前企业改革的重点。广大职工要积极参与企业的各项改革，为企业走向市场，提高企业素质，增强企业活力做出贡献。在改革过程中不可避免地涉及到各种利益的调整。广大职工群众要以主人翁精神，继续发扬识大体、顾大局的优良传统，自觉做到眼前利益服从长远利益，局部利益服从整体利益，以实际行动推进改革的深入发展。

工人阶级要肩负起伟大使命，就要在社会主义精神文明建设中充分发挥带头作用。我们党领导的有中国特色的社会主义，是社会主义市场经济、社会主义民主政治、社会主义精神文明的有机统一。在牢牢把握经济建设这个中心的同时，加强社会主义民主法制和精神文明建设，促进社会全面进步，是建设有中国特色社会主义的必然要求和重要保证。工人阶级不仅是物质文明建设的主力军，而且是推进社会主义精神文明建设的伟大力量。广大职工要增强民族自尊心和自豪感，发扬爱国主义、集体主义精神，坚定社会主义信念。要大力倡导团结友爱、助人为乐、见义勇为的社会风尚，维护社会公德，遵守职业道德，自觉抵御拜金主义、享乐主义和极端个人主义思想的侵蚀，用自己的先进思想和良好的精神风貌影响和带动全社会。要树立法制观念，维护安定团结，积极参与社会治安综合治理，坚决同各种违法犯罪行为作斗争，同消极腐败现象作斗争，同社会丑恶现象作斗争。

工人阶级要肩负起伟大使命，就要在实践中努力提高自身素质。工人阶级所以是最先进的阶级，不仅因为它是先进生产力和生产关系的代表，而且因为它能用先进思想和现代科学文化知识武装自己，在改造客观世界的同时改造主观世界。国内外环境的变化和新的形势任务，对工人阶级提出了更高的要求。工人阶级只有不断提高思想政治素质和科学文化素质，才能适应时代要求，担当起自己的历史责任。要认真学习马列主义、毛泽东思想，特别要努力学习好邓小平同志建设有中国特色社会主义理论。通过学习，掌握基本观点，领会精神实质，解放思想，实事求是，提高贯彻执行党的基本路线的自觉性和坚定性，做到在任何情况下都坚持党的基本路线不动摇。要积极参加学文化、学科学、学技术活动，努力掌握社会主义现代化建设所需要的知识，加快工人队伍知识化的进程。青年工人在职工队伍中占有很大比例。我们殷切期望工人阶级新一代继承发扬优良传统，加强学习和实践，努力把自己锻炼成为合格的社会主义建设者。

全心全意依靠工人阶级是我们党和国家一贯坚持的根本方针。我国是工人阶级领导的、以工农联盟为基础的人民民主专政的社会主义国家。我们党是工人阶级的先锋队，工人阶级是我们党的阶级基础。党和国家的性质，工人阶级的历史地位和作用，决定了我们任何时候、任何情况下都必须全心全意依靠工人阶级。我们党领导的有中国特色社会主义的事业，是前无古人的伟大事业，任务极为繁重艰巨。党和国家比以往任何时期都更加需要发挥工人阶级和广大人民群众的积极性、创造性和历史主动精神。我们建立的社会主义市场经济体制是同社会主义基本制度结合在一起的。发展社会主义市场经济，并不改变国家的性质和工人阶级在国家生活中的领导地位，各级党委和政府仍然必须旗帜鲜明地、毫不动摇地坚持全心全意依靠工人阶级的方针。要研究新情况，解决新问题，使这一方针在国家的政治、经济和社会生活各个方面得到更好的贯彻落实。全心全意依靠工人阶级，是依靠包括产业工人、知识分子和管理者在内的工人阶级整体。在公有制企业内部，工人群众同科技人员、管理者利益是一致的，地位是平等的。要在充分发挥党组织的政治核心作用，坚持和完善厂长负责制的同时，更好地贯彻全心全意依靠工人阶级的方针。要进一步健全和完善职工代表大会制度。企业的重大问题要经过职工代表大会或职工大会讨论，加强职工群众的民主参与和民主监督，全面落实职工民主管理的各项职权。职工应该自觉遵守劳动纪律，维护行政管理的权威。在非公有制企业，职工同样是国家的主人，要依法保护职工的合法权益不受侵害。

中国工会是党领导的工人阶级群众组织，是党联系职工群众的桥梁和纽带，是国家政权的重要社会支柱。改革开放 15 年来，各级工会组织坚持党的“一个中心、两个基本点”的基本路线，团结和动员广大职工为维护社会稳定，推进改革开放和现代化建设，做了大量的工作，发挥了重要作用。广大工会干部兢兢业业，辛勤工作，做出了很大成绩。在新的历史时期，工会的任务和责任更加重大，地位和作用更加重要，必须进一步加强工会工作。各级工会组织要自觉接受党的领导，坚持在政治上、思想上、行动上与党中央保持高度一致。要以邓小平同志建设有中国特色社会主义理论和党的基本路线为指导，紧紧围绕经济建设这个中心开展工作，充分发挥自己的特点和优势，全面履行各项社会职能。在维护全国人民总体利益的同时，更好地表达和维护职工群众的具体利益；动员和组织职工群众，努力完成经济和社会发展任务；充分发挥在国家和社会事务管理中的民主参与、民主监督作用；加强思想政治教育，建设有理想、有道德、有文化、有纪律的职工队伍。努力提高自身建设的水平，不断增强活力和吸引力。密切联系职工群众是工会履行职能，做好工作的前提和基础。要经常深入基层，深入群众，倾听他们的呼声，反映他们的意见和要求，为他们办实事，做好事。把各级工会组织建设成为深受工人群众信赖的“职工之家”。

各级党委要进一步加强和改善对工会工作的领导，定期讨论工会工作中的重大问题，支持工会依照法律和自己的章程独立自主地、创造性地开展工作。要指导和帮助工会加强干部队伍建设，特别要重视和加强各级工会的领导班子建设，按照干部队伍“四化”的方针和德才兼备的原则，选配好各级工会的负责人。政府要支持工会的工作，为工会工作创造必要的条件。涉及职工切身利益的重大改革措施和有关政策法规的制订，要认真听取工会和广大职工的意见。党委和政府都要关心职工生活，采取多种措施，帮助有困难的职工群众解决实际问题，把广大职工群众的积极性保护好、引导好、发挥好。

同志们，建设有中国特色社会主义的伟大事业前程似锦，我国工人阶级任重道远。让我们更加紧密地团结在以江泽民同志为核心的党中央周围，同心同德，奋勇前进，为实现党的十四大确定的宏伟目标和任务做出新的更大的贡献！

祝大会圆满成功！

12. 中国共产党中央委员会在中国工会第十三次全国代表大会上的祝词

（1998 年 10 月 19 日）

各位代表，同志们：

中国工会第十三次全国代表大会今天在北京隆重召开了。这是我国亿万职工政治生活中的一件大事。开好这次大会，对于高举邓小平理论伟大旗帜，深入贯彻落实党的十五大提出的战略部署，进一步团结动员全国各族职工为实现我国跨世纪发展的宏伟目标而奋斗，具有重大意义。我受党中央的委托，向大会表示热烈的祝贺！向全国广大职工和工会干部致以亲切的问候！

二十世纪，中国发生了翻天覆地的历史性变化。在我们党领导的波澜壮阔的革命、建设和改革事业中，工人阶级始终坚定地走在时代的前列，以彻底的革命精神和伟大的创造力量，为中华民族的独立、解放和振兴，为社会主义制度的建立、巩固和发展，立下了不朽的功勋。特别是党的十一届三中全会以来，工人阶级在邓小平理论和党的基本路线指引下，解放思想，实事求是，开拓进取，艰苦奋斗，为改革开放和社会主义现代化建设作出了新的伟大贡献。历史雄辩地证明，中国工人阶级不愧是先进生产力的代表，不愧是推动社会进步的中坚力量，不愧是我们国家的领导阶级。

党的十五大以来，全党和全国各族人民在以江泽民同志为核心的党中央领导下，继续沿着邓小平同志开创的建设有中国特色社会主义道路前进，各项事业都取得了新的进展。尤其是我们顶住了亚洲金融危机的冲击，战胜了历史罕见的特大洪涝灾害，保持了国民经济持续发展的好势头，保持了社会安定团结的好局面。这一切，令全国人民振奋，也为全世界所瞩目。工人阶级和广大人民群众在实践中更加深切地体会到，邓小平理论是指导我们事业不断前进的伟大的旗帜、光辉的旗帜、胜利的旗帜，进一步坚定了在党的领导下战胜前进道路上各种困难和风险的信心，进一步焕发出团结奋斗，顽强拼搏，争取更大胜利的崇高精神和强大凝聚力。

即将到来的二十一世纪，是充满机遇和挑战的世纪。展望新世纪，我们将在第一个十年，实现国民生产总值比二○○○年翻一番，使人民的小康生活更加宽裕，形成比较完善的社会主义市场经济体制；再经过十年的努力，到建党一百年时，使国民经济更加发展，各项制度更加完善；到世纪中叶建国一百年时，基本实现现代化，建成富强民主文明的社会主义国家。到那时，中国将进入中等发达国家行列，中国人民将达到现代化基础上的共同富裕，中华民族将实现伟大复兴。中国工人阶级是改革开放和社会主义现代化建设的主力军，在实现跨世纪发展宏伟目标的过程中，肩负着伟大的历史使命。希望全国各族职工继承和发扬光荣传统，继续走在时代的前列，以辛勤的劳动、崭新的风貌和优异的成绩，为实现党的十五大确定的各项任务作出更大的贡献，同全国人民一道，在跨世纪发展的征途上，谱写建设有中国特色社会主义事业更加壮丽的新篇章。

工人阶级要大力发扬艰苦创业和开拓创新精神，始终站在推动社会生产力发展的前列。社会主义的根本任务是发展生产力。实现这个根本任务，必须紧紧扭住经济建设这个中心不放，必须大力推进以建立社会主义市场经济体制为目标的经济体制改革，必须始终保持安定团结的政治局面和稳定有序的社会环境。在深化改革、促进发展、保持稳定的大局中，工人阶级起着十分重要的作用。

广大职工一定要以强烈的主人翁责任感，坚定不移地支持党和国家采取的一系列重大改革措施，尤其要深刻认识搞好国有企业改革对于建立社会主义市场经济体制和巩固社会主义制度的极为重要的意义，按照中央关于搞好国有企业的重大部署，锲而不舍，迎难而上，积极参与企业的改革、改组、改造和加强管理，为建立现代企业制度，搞好整个国有经济，贡献更大的力量。广大职工一定要积极贯彻落实党和政府关于保持国民经济持续快速健康发展的各项重大措施，围绕开拓市场、扩大内需、增加出口等任务，以高昂的劳动热情，努力做好本职工作，踊跃参加劳动竞赛、合理化建议、技术革新和安全生产等活动，争创一流的业绩，为克服亚洲金融危机对我国经济带来的消极影响，确保经济增长目标的实现而努力奋斗。广大职工一定要发扬识大体、顾大局的优良传统，正确对待改革过程中的利益关系调整，珍惜工人阶级队伍的团结和统一，进一步加强新时期的工农联盟，坚决同一切危害民族团结、国家安全和社会稳定的现象作斗争，在维护社会政治稳定中发挥积极作用。国有企业下岗职工要坚定信心，转变观念，增长技能，自强不息，在党、政府和企业以及社会各方面的帮助下，努力克服暂时的困难，在再就业和再创业的过程中作出新的贡献。在今年夏天的严重洪灾发生以后，广大职工同全国军民一道，在以江泽民同志为核心的党中央的坚强领导下，团结奋战，顽强拼搏，夺取了抗洪抢险的全面胜利。现在，灾区恢复生产、重建家园的艰巨任务正摆在我们面前。灾区的广大职工要继续发扬抗洪抢险的那么一种劲头和精神，加倍努力工作，千方百计开展生产自救，尽快把自然灾害造成的损失夺回来。全国广大职工要继续响应党和政府的号召，大力弘扬伟大的抗洪精神，搞好社会主义的大团结大协作，发展经济，提高效益，勤俭节约，增收节支，以实际行动支援灾区的恢复重建工作。

工人阶级要自觉倡导社会新风，在社会主义精神文明建设中发挥模范带头作用。社会主义精神文明是社会主义社会的重要特征，是现代化建设的重要目标和重要保证。只有物质文明和精神文明都搞好，才是有中国特色的社会主义。工人阶级作为最有远见、最有觉悟的先进阶级，不但要在物质文明建设中发挥主力军作用，而且要在精神文明建设中发挥主力军作用，用先进思想和模范行为影响和带动全社会。广大职工要带头弘扬爱国主义、集体主义和社会主义精神，积极吸收和借鉴人类社会创造的一切优秀文明成果，坚决反对和抵制拜金主义、享乐主义、个人主义。要带头增强民主法制观念和责任意识，依法办事，依法律己，依法维护自身的合法权益，善于运用法律武器同各种违法犯罪行为作斗争。要带头实践为人民服务的思想，自觉遵守爱岗敬业、诚实守信、办事公道、服务群众、奉献社会的职业道德，积极参加创建文明行业活动，弘扬行业文明新风，纠正行业不正之风，使更多的文明岗位、文明窗口从各行各业涌现出来，促进良好社会风尚的发展。

工人阶级要全面提高自身素质，更好地肩负起时代赋予的光荣使命。工人阶级的一个重要特点就是同社会化大生产相联系，能够自觉用科学理论和科学知识武装自己。在世界科技进步日新月异，知识经济已见端倪，综合国力竞争日趋激烈的今天，在我国社会主义现代化事业不断发展，职工队伍不断更新的情况下，进一步提高职工队伍的整体素质，对于保持工人阶级的先进性，增强我国的综合国力，实现跨世纪发展的宏伟目标，都具有十分重要的意义。广大职工要自觉加强学习，不断提高素质，努力成为有理想、有道德、有文化、有纪律的社会主义建设者，更好地适应现代化建设的需要。邓小平理论是马克思列宁主义的基本原理同当代中国实践和时代特征相结合的产物，是毛泽东思想在新的历史条件下的继承和发展，是马克思主义在中国发展的新阶段，是当代中国的马克思主义。

希望广大职工努力学习马列主义、毛泽东思想特别是邓小平理论，并同学习党的十五大精神紧密结合起来，在对邓小平理论的科学认识上，在运用邓小平理论解决实际问题的能力上，在改造主观世界的自觉性上都有新的提高。同时，要进一步确立科学技术是第一生产力的思想，结合生产和工作实际，努力学习文化知识和科学技术，自觉接受社会化大生产严格管理的训练，争当本职工作的内行和能手，加快工人队伍知识化的进程。各行各业的劳动模范和先进工作者，是国家的宝贵财富，是现代化建设的重要骨干力量，要全面提高自身素质，在各方面起表率作用，带动更多的职工共同进步。

中国工会是党领导的工人阶级群众组织，是党联系职工群众的桥梁和纽带，是国家政权的重要社会支柱。长期以来，工会组织为推动党在不同时期历史任务的实现，为中国工人运动的发展作出了重要贡献。在实现我国跨世纪发展宏伟目标的进程中，工会担负着重大的责任，面临着艰巨的任务。希望各级工会把自觉接受党的领导与独立自主地开展工作统一起来。要始终坚持正确的政治方向，认真贯彻党的路线方针政策，自觉服从服务于全党全国工作的大局，在思想上、政治上与党中央保持高度一致；同时要从工会工作的实际出发，充分发挥自身的特点和优势，积极开展社会需要、基层拥护、职工欢迎的工作和活动，进一步增强工会组织的吸引力和凝聚力。希望各级工会把维护全国人民总体利益与维护职工具体利益统一起来。在我们国家，全国人民的总体利益同职工的具体利益在根本上是一致的。我们党建设有中国特色社会主义的奋斗目标集中代表着包括工人阶级在内的全国人民的总体利益，离开了这个总体利益，职工的具体利益是难以实现的。这就要求工会必须全面履行维护、建设、参与、教育等各项社会职能，把广大职工紧密团结在党和政府周围，引导职工为实现党的中心任务和奋斗目标多作贡献。同时，要针对社会主义市场经济条件下劳动关系出现的新变化，更好地代表和维护职工的具体利益，切实把维护职工合法权益放到突出位置，密切联系职工群众，关心职工群众的疾苦，积极反映他们的意见和要求，竭诚为他们办实事、办好事，使工会真正成为“职工之家”。希望各级工会把继承工会工作优良传统与在实践中勇于创新统一起来。既要善于坚持和运用工会工作长期积累的成功经验，大力发扬优良传统和作风，又要坚持解放思想，实事求是，用改革的精神研究新情况，解决新问题，探索新路子，创造新经验，使工会工作不断焕发出新的生机与活力。

做好工会工作，需要一支高素质的工会干部队伍。这些年来，广大工会干部特别是基层工会干部兢兢业业，辛勤工作，知难而进，自觉奉献，认真履行自己的职责，做了大量卓有成效的工作，自己也在不断进步。面对新的形势和任务，广大工会干部一定要按照江泽民同志关于讲学习、讲政治、讲正气的要求，进一步加强学习，坚定理想信念，增强全局意识，树立群众观点，注重廉洁自律，全面提高素质，努力成为职工群众的贴心人，更好地完成党交给的光荣任务。

实现祖国完全统一，是海内外全体中国人的共同心愿。中华全国总工会要加强同香港特别行政区和澳门、台湾工会和劳工界的交流、合作与交往，为促进香港的繁荣稳定，促进我国顺利恢复对澳门行使主权，促进台湾问题的最终解决，完成祖国统一大业积极贡献力量。

中国工人阶级与各国工人阶级在维护世界和平、促进人类进步事业中担负着共同的责任。要加强与各国工会和国际工会组织的友好交往与合作，以促进世界和平与发展的崇高事业。

建设有中国特色社会主义事业是工人阶级和广大人民群众自己的事业。只有充分相信和紧紧依靠工人阶级和广大人民群众，这一事业的成功才有最可靠的基础和保证。各级党委要从巩固党的阶级基础和执政地位、实现跨世纪发展宏伟目标、确保国家长治久安的战略高度，充分认识全心全意依靠工人阶级的极端重要性，始终不渝地坚持这一根本指导方针，任何时候都不能有丝毫的含糊和动摇。要通过政治、经济、法律、舆论、行政等手段以及必要的组织措施，使全心全意依靠工人阶级的方针在国家政治、经济和社会生活各方面得到更好的贯彻落实，切实保证职工群众的主人翁地位，保证他们充分享受到改革开放和社会主义现代化建设的成果。当前，要紧密结合深化企业改革的实践，深入研究落实全心全意依靠工人阶级这一方针遇到的新情况和新问题，认真总结推广一些企业实行“厂务公开、民主管理”等成功经验，坚持和完善以职工代表大会为基本形式的企事业民主管理制度，充分发挥广大职工民主参与、民主管理、民主监督的积极性，坚决克服压制民主、强迫命令等错误行为。要继续抓好国有企业下岗职工基本生活保障和再就业工作，建立健全再就业服务中心，切实保障下岗职工的基本生活，大力开展职业培训，努力拓宽再就业渠道，积极推进再就业工程和送温暖工程。非公有制企业的职工同样是国家的主人，要保障这些企业职工的合法权益不受侵害。

工会工作是党的群众工作的重要组成部分。贯彻全心全意依靠工人阶级的指导方针，就必须高度重视工会工作，充分发挥工会组织的作用。各级党委要进一步加强和改善对工会工作的领导，及时研究解决工会工作中遇到的重大问题和实际困难，支持工会依照法律和自己的章程独立自主、创造性地开展工作，防止和纠正随意撤并工会的现象。各级政府要更好地支持工会工作，涉及职工切身利益的重大改革措施和政策法规的制定，必须认真听取工会和广大职工的意见，切实发挥工会在管理国家和社会事务中的民主参与和民主监督作用。

同志们，在革命战争年代，中国工人阶级在自己的先锋队中国共产党的指引下，以推动历史前进的磅礴力量，义无反顾地走上了谋求民族独立和人民解放的光辉道路。在改革开放的今天，具有光荣传统的中国工人阶级，又在党的领导下，满怀信心地肩负起新的伟大历史使命，迈上了实现民族振兴、国家富强的新征程。让我们紧密团结在以江泽民同志为核心的党中央周围，高举邓小平理论伟大旗帜，万众一心，奋发图强，为实现我国跨世纪发展的宏伟目标而不懈奋斗！

13. 中国共产党中央委员会在中国工会第十四次全国代表大会上的祝词

（2003 年 9 月 22 日）

各位代表、同志们：

中国工会第十四次全国代表大会今天隆重开幕了。这是全国广大职工群众政治生活中的一件大事。开好这次大会，对于团结动员全国亿万职工深入学习贯彻“三个代表”重要思想和党的十六大精神，在全面建设小康社会、加快推进社会主义现代化的历史进程中，充分发挥工人阶级主力军作用，具有十分重要的意义。

我受党中央委托，向大会表示热烈的祝贺！向全国广大职工群众和工会干部致以诚挚的问候和崇高的敬意！

上世纪初叶，我国工人阶级就作为独立的政治力量登上了历史舞台，为中国共产党的创立准备了重要条件。八十多年来，在中国共产党的领导下，我国工人阶级在革命、建设和改革的各个历史时期，自觉站在时代前列，充分发挥了先进阶级的伟大历史作用。特别是改革开放以来，伴随着中国特色社会主义事业的蓬勃发展，我国工人阶级队伍不断壮大，素质日益提高，先进性不断增强，已经成为一个包括广大知识分子在内的，由各种所有制企业、各种机关事业单位的全体体力劳动者和脑力劳动者构成的统一整体。广大职工群众以坚定的政治立场、奋进的精神状态、博大的全局胸怀和高度负责的主人翁精神，积极投身改革开放和社会主义现代化建设的伟大实践，为深化改革、扩大开放、加快发展、保持稳定作出了巨大贡献。前不久，在抗击非典的斗争中，广大职工群众恪尽职守、勇挑重担，谱写了新的时代篇章。中国工会紧紧围绕党和国家工作全局，自觉与国家发展同步伐，坚持同职工群众心连心，把服务大局和服务职工有机结合起来，创造性地开展工作，取得了显著成绩。实践表明，我国工人阶级不愧为我国的领导阶级和民族振兴的开路先锋，不愧为推动经济发展和社会进步的中坚力量。实践同样表明，中国工会是党联系职工群众的桥梁和纽带，是国家政权的重要社会支柱。

我们党作为中国工人阶级的先锋队，同时作为中国人民和中华民族的先锋队，历来坚定不移地全心全意依靠工人阶级，坚定不移地全力支持作为工人阶级群众组织的中国工会的工作。长期以来，我们党提出了一系列关于工人阶级和工会工作的重大理论观点和方针政策，概括起来主要是：第一，中国工人阶级始终是推动中国先进生产力发展的基本力量，是我们党最坚实、最可靠的阶级基础，是我们国家当之无愧的领导阶级。在新的历史条件下，工人阶级的历史地位和作用没有变、也不能变。第二，全心全意依靠工人阶级始终是我们党不可动摇的方针，是我们从胜利走向胜利的重要保证。必须充分发挥工人阶级在改革开放和社会主义现代化建设中的主力军作用，必须切实维护职工群众的经济、政治和文化权益。第三，必须在实践中不断发展工人阶级的先进性，提高广大职工的整体素质，把他们锻炼成一支真正具有先进阶级理想、社会主义道德、现代科学文化知识和严格组织纪律的强大阶级队伍。第四，中国工会是中国共产党领导的职工自愿结合的工人阶级群众组织，贯彻全心全意依靠工人阶级的方针就必须充分发挥工会组织的作用。第五，中国工会必须围绕大局，发挥优势，全面履行各项社会职能，动员和组织广大职工群众为实现党的中心任务贡献力量。第六，中国工会必须把竭诚为职工群众服务作为一切工作的出发点和落脚点，在维护全国人民总体利益的同时，更好地表达和维护职工群众的具体利益。第七，工会工作是党的群众工作的重要组成部分，党要切实加强和改善对工会工作的领导，支持工会依照法律和自己的章程创造性地开展工作，等等。这些重大理论观点和方针政策作为毛泽东思想、邓小平理论和“三个代表”重要思想的有机组成部分，为新世纪新阶段我国工人运动的发展指明了方向。我们必须毫不动摇，一以贯之地全面落实。

江泽民同志在党的十六大报告中提出，要在本世纪头二十年，集中力量，全面建设惠及十几亿人口的更高水平的小康社会，使经济更加发展、民主更加健全、科教更加进步、文化更加繁荣、社会更加和谐、人民生活更加殷实。全面建设小康社会，是实现中华民族伟大复兴的一个必经的承上启下的发展阶段。经过这个阶段的建设，再继续奋斗几十年，到本世纪中叶，我国将成为富强民主文明的社会主义现代化国家，中华民族将实现伟大的复兴。宏伟的目标鼓舞人心，催人奋进。当代中国工人阶级一定要坚持以邓小平理论和“三个代表”重要思想为指导，在全面建设小康社会的历史进程中充分发挥主力军作用，再创历史新辉煌，再建历史新功勋。

工人阶级要在全面建设小康社会中充分发挥主力军作用，就必须进一步增强主动性。全面建设小康社会，是造福于工人阶级和广大人民群众的伟大事业，因而也是工人阶级和广大人民群众自己的事业。在全面建设小康社会的历史进程中，工人阶级既是建设者，又是受益者。工人阶级应当自觉认识到：全面建设小康社会的美景需要我们用智慧来描绘，全面建设小康社会的大厦需要我们用双手来建造，全面建设小康社会的果实需要我们用心血和汗水来浇灌。我国工人阶级要大力发扬历史主动精神，积极站在全面建设小康社会的最前列，充分展现先进阶级的时代风采。

工人阶级要在全面建设小康社会中充分发挥主力军作用，就必须进一步发挥创造性。全面建设小康社会是伟大的开创性事业。开创性的事业呼唤着创造性的劳动。我国工人阶级要坚持与时俱进，勇于开拓创新，为推动社会主义物质文明、政治文明和精神文明建设不断创造新的业绩。要紧紧围绕经济建设这个中心，立足本职，爱岗敬业，为促进经济发展和社会进步贡献智慧和力量；要始终站在改革的前列，坚决支持改革，积极投身改革，为完善社会主义市场经济体制献计献策。要正确行使当家作主的民主权利，依法参与管理国家和社会事务，依法参与本单位的民主决策、民主管理和民主监督；要正确对待改革过程中的利益关系调整，珍惜安定团结的政治局面，坚决做维护社会稳定的中流砥柱。要积极推动文明行业、文明单位、文明班组等群众性精神文明创建活动，大力弘扬劳动模范的优秀品质和崇高精神，用工人阶级的先进思想和模范行为影响和带动全社会。

工人阶级要在全面建设小康社会中充分发挥主力军作用，就必须进一步发展先进性。工人阶级的先进性，是同工人阶级推动历史进步的伟大作用相辅相成的，也是同工人阶级自身的全面发展紧密联系的。只有不断提高包括政治觉悟、文化水平和业务能力在内的整体素质，工人阶级才能进一步保持和发展自己的先进性。广大职工要适应实施科教兴国战略、人才强国战略的要求，适应建设全民学习、终身学习的学习型社会的要求，勤于学习，善于学习，争当知识型职工，不断提高学习能力；要树立强烈的开拓意识和敢为人先的首创精神，积极进行理论创新、体制创新、科技创新、文化创新和其他方面的创新，不断提高创新能力；要强化竞争意识、市场意识和风险意识，进一步更新观念，积极进取，努力增强自身优势，不断提高竞争能力；要发扬艰苦奋斗、自强不息的精神，扎实工作，勇于实践，掌握新技能，增强新本领，不断提高创业能力。完全可以相信，在全面建设小康社会的伟大实践中，我国工人阶级的力量将会更加强大，地位将会更加巩固，先进性将会进一步增强。

在新世纪新阶段，工会组织要准确把握自己的定位，做到围绕中心、服务大局，全面履行各项社会职能，突出维护职工合法权益的职能。这是工会组织实践“三个代表”重要思想的具体体现，也是适应现阶段我国劳动关系变化的迫切需要。各级工会组织要围绕全面建设小康社会的各项任务，进一步开展各种群众性建功立业活动，把广大职工群众的积极性、主动性和创造性充分调动起来，以做好本职工作的实际行动推动经济发展和社会进步。要把提高职工整体素质作为长期的战略任务，大力开展思想政治教育和职业培训工作，帮助职工群众不断提高政治觉悟、道德素养和劳动本领，真正成为适应改革开放和社会主义现代化建设要求的合格劳动者。实现好、维护好、发展好职工群众的根本利益，对动员和组织职工群众为全面建设小康社会团结奋斗具有十分重大的意义。工会组织要按照中央的要求和国家有关法律的规定，切实履行好表达和维护职工群众合法权益的基本职责，敢于维权，善于维权，当前要重点维护职工群众在收入分配、社会保障和劳动安全卫生等方面的权益，重点推动就业和再就业工作、为困难职工和劳动模范排忧解难工作。工会组织履行维权职能的工作力度要更大一些，措施要更得力一些，主动配合党委和政府，更好地维护广大职工群众的合法权益。

工会组织必须适应时代发展和社会生活的变化，以改革的精神不断加强自身建设，进一步开创工作新局面。要推动工会工作的群众化，坚持重心下移，切实转变作风，贴近职工群众，积极为职工群众说话办事，使工会组织真正成为“职工之家”。要推动工会工作的民主化，坚持民主集中制，建立健全各项民主制度，坚持依靠职工群众，在各项工作中充分体现广大工会会员的意愿。要推动工会工作的法制化，根据依法治国的要求，积极参与涉及职工和工会权益的立法和政策制定，坚持依法维权、依法治会，进一步把各项工作纳入法制化轨道。要扩大工会工作的覆盖面，最大限度地把职工群众组织到工会中来，最大限度地把工会工作做到职工群众中去。广大工会干部要增强使命感和责任感，加强学习，勤勉工作，始终同职工群众打成一片，切实当好党的路线方针政策的忠实执行者，当好职工群众合法权益的积极维护者。

实现祖国完全统一，是包括广大职工群众在内的全体中华儿女的共同心愿。中华全国总工会要继续加强同香港特别行政区、澳门特别行政区工会和劳动界的交流与合作，为保持香港、澳门的繁荣稳定作贡献；要继续扩大同台湾地区工会和劳动界的往来，积极促进两岸关系发展，坚决反对“台独”分裂活动，为完成祖国统一大业不懈奋斗；要大力开展国际交流与合作，积极参加国际劳工组织等多边活动，努力增进同各国人民的了解和友谊，不断扩大中国工会的国际影响，同各国工人阶级一道推进世界和平与发展的崇高事业。

胡锦涛同志曾经指出，只有充分相信和紧紧依靠工人阶级，加强同广大人民群众的联系，把各方面的积极性充分调动起来，中国特色社会主义事业才有最可靠的基础和保证。各级党委和政府要坚定不移地贯彻全心全意依靠工人阶级的方针，切实保证职工群众的主人翁地位，保证他们享受到改革发展的成果。要从全局和战略的高度，进一步加强和改善党对工会的领导，始终把工会工作摆在重要位置来抓。研究决定涉及职工群众切身利益的重大事项，要认真听取工会的意见。积极支持和帮助工会解决工作中的实际困难，为工会履行职责创造良好条件。

各位代表、同志们，在全面建设小康社会的伟大征程上，我国工人阶级责任重大，使命光荣。希望全国广大职工群众紧密团结在以胡锦涛同志为总书记的党中央周围，高举邓小平理论伟大旗帜，全面贯彻“三个代表”重要思想和十六大精神，同心同德，奋发图强，为全面建设小康社会、开创中国特色社会主义事业新局面，为实现中华民族的伟大复兴，作出新的更大的贡献！

最后，预祝中国工会第十四次全国代表大会取得圆满成功！

14. 中国共产党中央委员会在中国工会第十五次全国代表大会上的祝词

（2008 年 10 月 17 日）

各位代表、同志们：

中国工会第十五次全国代表大会今天隆重开幕了。这是全国广大职工政治生活中的一件大事。开好这次大会，对于全面贯彻党的十七大精神，在新的历史起点上开创工会工作新局面，团结动员全国广大职工在夺取全面建设小康社会新胜利中充分发挥主力军作用，具有十分重要的意义。在这里，我受党中央委托，向大会的召开表示热烈祝贺！向全国各族职工和工会工作者致以亲切问候！

中国工会十五大是在全党全国各族人民满怀胜利豪情迎接改革开放30周年的重要时刻召开的。30年前，邓小平同志在中国工会九大的致词中深刻指出，中国工人阶级最重要的特点之一，就是同社会化大生产相联系，因此觉悟最高、纪律性最强，能在经济进步和社会进步中起领导作用，工人阶级要在改革中起大公无私的模范先锋作用，工会组织要为顺利实现改革作出新的杰出贡献。

30年来，我国工人阶级在党的领导下，视改革开放为己任、与时代发展同步伐，以高度负责的主人翁精神，积极投身改革开放和社会主义现代化建设，为发展中国特色社会主义伟大事业作出了不可磨灭的历史性贡献。在奋斗实践中，我国工人阶级队伍日益壮大，整体素质不断提高，先进性明显增强，利益进一步实现，领导阶级地位更加巩固，主力军作用得到充分发挥。

30年来，各级工会组织坚持解放思想、实事求是、与时俱进，始终围绕中心、服务大局，努力找准定位、发挥优势，在团结动员全国广大职工贯彻党的基本路线、完成党的中心任务方面做了大量扎实有效的工作。工会组织把竭诚为职工群众服务作为一切工作的出发点和落脚点，全面履行职能，加强思想引导，注重职工维权，协调劳动关系，在维护全国人民总体利益的同时，更好表达和维护了职工群众具体利益，有效调动了广大职工群众投身改革发展的积极性、主动性、创造性，充分发挥了党联系职工群众的桥梁纽带作用和国家政权重要社会支柱的作用。特别是中国工会十四大以来，各级工会组织自觉围绕全面建设小康社会这个主题，广泛开展有影响、有特色的活动，在动员组织职工建功立业、维护职工合法权益、提高职工整体素质、加强工会组织建设等方面取得了新的成绩。今年以来，在抗击南方部分地区严重低温雨雪冰冻灾害、四川汶川特大地震灾害和成功举办北京奥运会、残奥会等重要工作中，工会组织也作出了积极贡献。

党中央历来高度重视工人阶级和工会工作。江泽民同志在阐述“三个代表”重要思想时反复强调，我们党必须始终全心全意依靠工人阶级。党的十六大以来，以胡锦涛同志为总书记的党中央明确指出，工人阶级作为国家领导阶级的地位不能动摇，作为改革开放和社会主义现代化建设主力军的作用不能削弱，全心全意依靠工人阶级的根本指导方针不能改变。要求工会组织充分发挥组织职工、引导职工、服务职工、维护职工合法权益的重要作用，扩大工会工作覆盖面，增强工会组织凝聚力。这些都为新形势下做好工会工作提出了明确要求，指明了前进方向。

党的十七大适应国内外形势的新变化、顺应各族人民过上更好生活的新期待，提出了实现全面建设小康社会奋斗目标的新要求。夺取全面建设小康社会新胜利，是新的历史起点上充分发挥工人阶级主力军作用的聚焦点，也是发挥各级工会组织优势和作用的切入点。全面建设小康社会既要切实造福工人阶级，又要始终依靠工人阶级。我国工人阶级一定要承担起历史赋予的崇高使命，积极发挥主力军作用，充分展现主人翁风采，为夺取全面建设小康社会新胜利建功立业。

全面建设小康社会要求继续解放思想、坚持改革开放。我国过去 30 年的快速发展靠的是改革开放，我国未来的发展也必须靠改革开放。工人阶级在夺取全面建设小康社会新胜利中充分发挥主力军作用，就要以解放思想为先导、以改革创新为动力，在新的思想高度上形成改革开放的共识。要继续弘扬劳动光荣、知识崇高、人才宝贵、创造伟大的时代新风，在放手让一切劳动、知识、技术、管理、资本的活力竞相迸发，让一切创造社会财富的源泉充分涌流的实践中奋发有为。要在党的领导下奋力推进各方面体制创新，更自觉、更坚定地推动构建充满活力、富有效率、更加开放、有利于科学发展的体制机制。要用发展的眼光正确看待深化改革中的利益关系调整，坚信广大职工群众必将通过深化改革进一步创造和实现新的利益。

全面建设小康社会要求推动科学发展、促进社会和谐。科学发展与社会和谐是内在统一的，都是为了人民、依靠人民、造福人民的。工人阶级在夺取全面建设小康社会新胜利中充分发挥主力军作用，就要为推动科学发展、促进社会和谐贡献力量。要坚定信心、振奋精神，爱岗敬业、奋力拼搏，在推动经济社会又好又快发展，推动城乡、区域协调发展，推动资源节约、环境保护以及节约发展、清洁发展、安全发展等方面，创造一流的工作业绩。要继续发扬识大体、顾大局的光荣传统，增强主人翁意识，倍加顾全大局，倍加珍视团结，倍加维护企业和社会稳定，为形成全体人民各尽所能、各得其所而又和谐相处的局面发挥积极作用。

全面建设小康社会要求显著提高全民族自主创新能力。党中央 2006 年在全国科学技术大会上提出，到 2020 年要使我国进入创新型国家行列，为全面建设小康社会提供强有力的科技支撑。工人阶级在夺取全面建设小康社会新胜利中发挥主力军作用，就要坚持走中国特色自主创新道路，在加快建立以企业为主体、市场为导向、产学研相结合的技术创新体系，引导和支持创新要素向企业集聚，促进科技成果向现实生产力转化方面贡献智慧和力量。要在广大职工群众中营造浓厚的学习探索风气、革新创造风气、求真务实风气，使创新智慧竞相迸发、创新能量充分释放、创新成果大量涌现。要在创新实践中全面提升职工队伍整体素质，培养更多掌握新知识、新技能、新本领的知识型工人和一线创新人才，为建设创新型国家和创新型企业充分施展才华。

工会是党领导的工人阶级群众组织。在新的历史起点上，各级工会组织要高举中国特色社会主义伟大旗帜，以邓小平理论和“三个代表”重要思想为指导，深入贯彻落实科学发展观，更加自觉地围绕中心，服务大局，团结动员全国广大职工为夺取全面建设小康社会新胜利而不懈奋斗。

要坚定不移地走中国特色社会主义工会发展道路。中国工会在长期探索实践中形成的中国特色社会主义工会发展道路，是中国特色社会主义道路的重要组成部分。这条道路体现了共产主义远大理想同中国特色社会主义共同理想的统一，体现了时代要求与中国国情的统一，体现了工人阶级长远利益与当前利益的统一。在新的历史起点上，全国各级工会组织要坚持中国特色社会主义理论体系、坚定不移地走中国特色社会主义道路，始终做到与时代发展同步伐、与改革开放共命运、与党和职工群众心连心，使中国特色社会主义工会发展道路越走越宽广。

要切实维护好广大职工群众的合法权益。这是新形势下党和政府对工会工作的迫切要求，是广大职工群众对工会组织的热切期待。各级工会要把坚决贯彻中央的路线方针政策和各项工作部署，同创造性地做好新形势下的工会工作结合起来，全面履行职能，充分发挥工会组织在改革发展稳定中的重要作用。要继续全心全意为职工群众服务，通过加强思想教育和技能培训，不断提高职工队伍思想道德素质和科学文化素质，努力建设学习型、知识型、创新型职工队伍。要进一步发挥工会组织贴近基层、贴近职工的优势，增强服务意识，提高服务能力，完善服务手段，拓展服务领域，形成服务体系，特别是加大对困难职工的帮扶力度，努力为包括农民工在内的广大职工办实事、做好事、解难事，把党和政府的关怀和温暖送到亿万职工群众心坎上。要在党和政府主导的维护职工权益机制中发挥工会的特点和优势，切实维护职工合法权益，大力加强源头参与，推动形成利益协调、诉求表达、矛盾调处和权益保障机制，推动健全以职代会为基本形式的企事业单位民主管理制度，全面维护职工经济、政治、文化、社会权益，进一步发展社会主义和谐劳动关系。

要以改革创新精神进一步加强工会组织自身建设。要结合开展深入学习实践科学发展观活动，着眼于把工会建设成为学习型、服务型、创新型的工人阶级群众组织，不断创新组织体制、运行机制和活动方式。要继续在各类所有制企业广泛建立工会，扩大工会工作覆盖面，把包括农民工在内的广大职工凝聚到工会组织中来，巩固党的阶级基础，扩大党的群众基础。要不断提高广大工会干部的理论素养和业务能力，牢固树立政治意识、大局意识、责任意识和群众意识，真诚倾听职工呼声，真实反映职工愿望，真情关心职工疾苦，在发挥组织职工、引导职工、服务职工、维护职工合法权益作用中体现新作为、展现新风貌。

工会组织要加强同香港特别行政区、澳门特别行政区工会和劳动界的交流合作，为保持香港、澳门长期繁荣稳定发挥积极作用；要扩大同台湾地区工会和劳动界的交流交往，促进两岸关系和平发展；要加强同国际工会组织和各国工会组织的交往合作，为推动建设持久和平、共同繁荣的和谐世界作出贡献。

工会工作是党的群众工作的重要组成部分。各级党委和政府要坚决贯彻落实全心全意依靠工人阶级的方针，进一步重视发挥工会组织的重要作用，切实加强和改善对工会工作的领导，支持工会依照法律和自己的章程开展工作，及时研究解决工会工作中的重大问题和实际困难。要把更多资源和手段赋予工会组织，把党政所需、职工所急、工会所能的事更多地交给工会组织去办，不断扩大工会组织的社会影响，为工会事业发展创造更好环境。

各位代表、同志们，伟大的事业在鼓舞我们，宏伟的蓝图在激励我们，崇高的使命在召唤我们。让我们高举中国特色社会主义伟大旗帜，紧密团结在以胡锦涛同志为总书记的党中央周围，谦虚谨慎、埋头苦干，开拓创新、锐意进取，为夺取全面建设小康社会新胜利而努力奋斗！

最后，预祝中国工会第十五次全国代表大会圆满成功！

15. 中国共产党中央委员会在中国工会第十六次全国代表大会上的祝词

（2013 年 10 月 18 日）

各位代表、同志们：

中国工会第十六次全国代表大会今天隆重开幕了。这是全国广大职工和工会工作者政治生活中的一件大事。开好这次大会，对于深入贯彻党的十八大精神和习近平总书记一系列重要讲话精神，团结动员全国亿万职工为实现“两个一百年”奋斗目标、实现中华民族伟大复兴的中国梦而奋斗，具有十分重要的意义。这里，我代表党中央向大会召开表示热烈祝贺！向全国各族职工和广大工会工作者致以亲切问候！

今年是改革开放 35 周年。35 年来，我们党紧紧依靠人民群众，接力推进改革开放，成功开创和不断发展中国特色社会主义，党和国家各项事业取得举世瞩目的伟大成就，中国人民的面貌、社会主义中国的面貌、中国共产党的面貌都发生了历史性变化，中华民族迎来伟大复兴的光明前景。

在改革开放的历史进程中，我国工人阶级在党的坚强领导下，胸怀全局、锐意进取，自觉做解放思想、改革创新的时代先锋，积极主动地推动科学发展、促进社会和谐，表现出高度的政治觉悟、不懈的奋斗精神，为中国特色社会主义事业建立了卓越功勋。我国工人阶级队伍不断壮大，素质不断提高，结构更加优化，面貌焕然一新。事实充分证明，工人阶级不愧为我国的领导阶级，不愧为我们党最坚实最可靠的阶级基础，不愧为推进改革开放和社会主义现代化建设的主力军。

在改革开放的历史进程中，各级工会组织认真贯彻中央决策部署，坚决拥护、热情支持改革开放，努力把握社会主义市场经济条件下工会工作的特点规律，探索形成了中国特色社会主义工会发展道路，充分发挥了党联系职工群众的桥梁纽带作用，发挥了社会主义国家政权的重要社会支柱作用，发挥了职工利益的代表者维护者作用。特别是工会十五大以来，各级工会组织牢牢把握我国工人运动的主题，团结动员亿万职工建功立业，认真做好职工思想政治工作，广泛开展职工技能培训，积极参与立法和政策制定，大力发展和谐劳动关系，维护职工合法权益，拓展对外交流，加强工会自身建设，工会工作取得显著成就，开创了工运事业新局面。

我们党是中国工人阶级的先锋队，同时是中国人民和中华民族的先锋队，始终全心全意依靠工人阶级，把工人阶级作为推动我国先进生产力发展和社会全面进步的基本力量。以习近平同志为总书记的党中央高度重视工人阶级和工会工作。今年 4 月 28 日，习近平总书记在全国总工会机关同全国劳模代表座谈并发表重要讲话，强调必须充分发挥工人阶级的主力军作用，必须紧紧依靠工人阶级发展中国特色社会主义，必须坚持崇尚劳动、造福劳动者，必须大力弘扬劳模精神、发挥劳模作用。这为我国工人阶级走在时代前列、发挥自身作用指明了正确方向，为做好新形势下工会工作、推动工运事业创新发展提供了根本遵循。

党的十八大描绘了全面建成小康社会、加快推进社会主义现代化的宏伟蓝图，开启了实现中华民族伟大复兴的新征程。习近平总书记提出实现中华民族伟大复兴的中国梦，生动形象表达了全体中国人民的共同理想追求，昭示着国家富强、民族振兴、人民幸福的美好前景，成为当今中国昂扬的时代旋律，成为团结凝聚中华儿女的精神旗帜。实现党的十八大描绘的宏伟蓝图，实现中华民族伟大复兴的中国梦，必将造福工人阶级，也必须紧紧依靠工人阶级。我国工人阶级要深入贯彻党的十八大精神，深入贯彻习近平总书记一系列重要讲话精神，进一步增强责任感、使命感，大力弘扬主人翁精神，充分发挥主力军作用，为实现中国梦而不懈奋斗。

要始终做坚持中国道路的柱石。中国特色社会主义是当代中国发展进步的根本方向，是实现中国梦的必由之路。这条道路，将引领我国工人阶级走向更加光明的未来，也要靠我国工人阶级来坚持和拓展。我国工人阶级要牢固树立中国特色社会主义理想信念，增强道路自信、理论自信、制度自信，坚定不移跟党走。要不断深化中国特色社会主义理论体系的学习，深化习近平总书记一系列重要讲话精神的学习，增强贯彻党的基本理论、基本路线、基本纲领、基本经验、基本要求的自觉性和坚定性。要树立正确的世界观、人生观、价值观，把个人理想、家庭幸福与国家富强、民族复兴紧紧联系在一起，始终以国家主人翁姿态，以生机勃勃的创造性实践，为推进中国特色社会主义伟大事业贡献力量。

要始终做弘扬中国精神的楷模。中国精神是民族精神和时代精神的融合，是凝心聚力的兴国之魂。我国工人阶级要弘扬信念坚定、立场鲜明，艰苦奋斗、勇于奉献，胸怀大局、纪律严明，开拓创新、自强不息的伟大品格，自觉践行社会主义核心价值观，不断为中国精神注入新的内涵，用先进思想、模范行动影响和带动全社会。要以振兴中华为己任，增强开拓意识，培育首创精神，争做有智慧、有技术、有创造的当代工人，始终保持我国工人阶级的先进性。要大力发扬劳模精神，学习劳动模范、争当劳动模范，推动形成劳动最光荣、劳动最崇高、劳动最伟大、劳动最美丽的良好氛围，积极投身建设富强民主文明和谐的社会主义现代化国家的伟大实践。

要始终做凝聚中国力量的中坚。工人阶级有力量，各族职工紧密团结、同心同德是中国梦的力量之源。我国工人阶级要做团结进步的榜样，大力发扬团结协作、互助友爱的光荣传统，加强职工队伍的团结，加强同其他劳动群众的团结，加强同社会各阶层的团结，不断增强中华民族的凝聚力、向心力。要正确处理个人利益与集体利益、局部利益与整体利益、眼前利益与长远利益的关系，更好地维护大局、服务大局。要自觉维护我国社会安定团结的良好局面，最大限度地增加积极因素、化解消极因素，形成团结奋斗、共创未来的正能量。要始终做全面深化改革的推动者、参与者。改革开放是决定当代中国命运的关键一招，是中国发展进步的动力源泉。改革的目的是为了实现包括工人阶级在内的广大人民的根本利益，改革的进程也必然要由工人阶级来参与、来推动。要深刻认识全面深化改革的重大意义、基本要求，解放思想、实事求是、与时俱进，坚持社会主义市场经济的改革方向，坚持对外开放的基本国策。要积极投身改革，勇于探索、大胆实践，破除体制机制障碍，促进我国社会主义制度自我完善和发展，为推进中国特色社会主义伟大事业做出新的贡献。

中国工会是中国共产党领导的工人阶级群众组织，在团结动员广大职工为实现中国梦而奋斗的进程中，肩负着崇高使命。要始终坚持正确方向、锐意改革创新，充分发挥我国工人阶级的主力军作用，始终保持我国工会组织的团结统一，在组织职工、引导职工、服务职工、维护职工合法权益上，作出更大努力、发挥更大作用。

做好工会工作，要坚定不移走中国特色社会主义工会发展道路。中国特色社会主义工会发展道路，是中国特色社会主义道路的重要组成部分，深刻反映了中国工会的性质和特点，是为实践所证明的中国工运事业的成功之路。工会组织和工会工作者要切实把握中国特色社会主义工会发展道路的精神实质，不断探索实践，努力使这条道路越走越宽广。

做好工会工作，要牢牢把握党和国家工作大局。实现“两个一百年”奋斗目标、实现中华民族伟大复兴的中国梦，是全党全国工作的大局。工会工作只有围绕这个大局来谋划、来推进，才能牢牢坚持正确方向。工会组织和工会工作者要认真贯彻中央决策部署，在大局下思考、在大局下行动，使各项工作更好体现围绕中心、服务大局的要求。要着眼于保护、调动和发挥职工群众劳动创造的积极性，加强和改进职工思想政治工作，引导职工群众不断提高思想道德素质和科学文化素质，为全面建成小康社会贡献力量。

做好工会工作，要坚持全心全意为职工群众服务。工会的一切工作，都要把实现好、维护好、发展好职工群众的根本利益作为出发点和落脚点。要坚持以职工为本，尊重职工主体地位，落实职工各项权益，让广大职工体面劳动、舒心工作、全面发展。在维护职工劳动就业、工资收入、社会保障、安全卫生、休息休假等权益上，必须旗帜鲜明、主动作为。要积极推动完善民主选举、民主决策、民主管理、民主监督制度，完善劳动合同制度、集体合同制度、职工代表大会制度，充分保障职工的知情权、参与权、表达权、监督权。

做好工会工作，要以改革创新精神加强工会组织自身建设。

社会在变化，事业在发展，工会工作要跟上时代步伐，就必须深化改革、勇于创新。要把职工群众满意不满意作为根本标尺，以时代的要求、发展的眼光审视工会工作，在组织体制、运行机制、活动方式等方面不断改进创新，扩大工作覆盖、增强工作实效。工会是做职工群众工作的，必须带头践行党的群众路线，贯彻好“为民务实清廉”的要求。要扎实深入开展党的群众路线教育实践活动，对照党的要求和职工群众的期盼，坚决克服形式主义、官僚主义、享乐主义和奢靡之风，用优良作风更好地凝聚职工群众。要提高服务科学发展、服务职工群众的能力，建设学习型、服务型、创新型工会，努力为职工群众办实事、解难事，让职工群众真正感受到工会是“职工之家”、工会干部是最可信赖的“娘家人”。

要加强同港澳台工会和劳动界的交流，为香港、澳门长期繁荣稳定和两岸关系和平发展作贡献。要高举和平、发展、合作、工人权益的旗帜，坚持独立自主、互相尊重、求同存异、加强合作、增进友谊的方针，继续扩大同各国、地区、国际工会组织和劳动界的交流合作，为增进全球工人福祉，促进世界和平、稳定、繁荣发挥积极作用。

全心全意依靠工人阶级是党的根本指导方针，任何时候任何情况下都不能有丝毫动摇。各级党委和政府要采取有力措施，把这一方针贯彻到政策法规制定、社会管理服务的全过程，贯彻到推动改革发展、维护和谐稳定的全过程。要加强和改进党对工会工作的领导，支持工会依照法律和章程独立自主创造性地开展工作，关心爱护工会干部，为工会工作创造更加有利的条件。

各位代表、同志们，新的起点、新的任务赋予我们新的责任、新的使命。让我们更加紧密地团结在以习近平同志为总书记的党中央周围，高举中国特色社会主义伟大旗帜，以邓小平理论、“三个代表”重要思想、科学发展观为指导，再接再厉、开拓进取，努力创造无愧于历史、无愧于时代的新业绩，在为实现中国梦不懈奋斗中铸就工人阶级的新辉煌！

最后，预祝中国工会第十六次全国代表大会圆满成功！

16. 中国共产党中央委员会在中国工会第十七次全国代表大会上的致词

（2018 年 10 月 22 日）

各位代表，同志们：

中国工会第十七次全国代表大会今天隆重开幕。我受党中央和习近平总书记委托，向大会的召开表示热烈的祝贺！向全国各族职工和工会干部致以诚挚的问候！

今年是改革开放 40 周年。40 年来，我国工人阶级坚定走在时代前列，充分发挥了先进阶级的重要作用，绽放出夺目的时代风采。特别是党的十八大以来，在以习近平同志为核心的党中央坚强领导下，我国工人阶级以高度的主人翁使命感和历史责任感，积极投身进行伟大斗争、建设伟大工程、推进伟大事业、实现伟大梦想的火热实践，推动党和国家事业取得全方位、开创性历史成就，发生深层次、根本性历史变革。实践充分证明，我国工人阶级不愧是中国共产党最坚实最可靠的阶级基础，不愧是我们社会主义国家的领导阶级，不愧是先进生产力和生产关系的代表，不愧是坚持和发展中国特色社会主义的主力军。

中国工会十六大以来，各级工会坚持以习近平新时代中国特色社会主义思想为指导，学习贯彻习近平总书记关于工人阶级和工会工作的重要论述，组织动员职工建功立业，加大维权服务力度，推动构建和谐劳动关系，推进产业工人队伍建设改革，深化工会改革创新，加强工会系统党的建设，拓展国际交流合作，各项工作取得了重要进展，工会组织和工会工作政治性、先进性、群众性显著增强。

习近平总书记始终高度重视工人阶级和工会工作，领导召开党的历史上第一次中央党的群团工作会议，指导制定加强和改进党的群团工作意见、全总改革试点方案和产业工人队伍建设改革方案，每到一地考察都深入基层看望劳动模范和一线职工，亲临全总机关与劳模代表座谈，给“郭明义爱心团队”、中国劳动关系学院劳模本科班学员回信，就工人阶级和工会工作作出重要指示，深刻阐明了工会工作地位作用、目标任务、实践要求，形成了习近平总书记关于工人阶级和工会工作的重要论述。这些重要论述，科学回答了工人阶级和工会工作的一系列方向性、根本性、战略性重大问题，贯穿了党的全心全意依靠工人阶级的方针，丰富了马克思主义工人阶级和工运学说，为新时代工运事业和工会工作创新发展指明了前进方向、提供了根本遵循。

党的十九大提出到 2020 年全面建成小康社会，到 2035 年基本实现社会主义现代化，到本世纪中叶把我国建成富强民主文明和谐美丽的社会主义现代化强国。这是全党全国各族人民的共同任务，更是我国工人阶级的历史使命。我国工人阶级要把思想和行动统一到党的十九大精神上来，把智慧和力量凝聚到落实党中央决策部署上来，唱响新时代奋斗者之歌。

坚守理想信念，彰显阶级本色。中国特色社会主义最本质的特征是中国共产党领导，中国特色社会主义制度的最大优势是中国共产党领导。作为我们党最坚实最可靠的阶级基础，我国工人阶级要发扬紧跟党的步伐、听从党的指挥的光荣传统，自觉用习近平新时代中国特色社会主义思想武装头脑，始终在思想上政治上行动上同以习近平同志为核心的党中央保持高度一致，坚定不移听党话，矢志不渝跟党走，成为党执政的坚实依靠力量、强大支持力量、深厚社会基础。要牢固树立共产主义远大理想和中国特色社会主义共同理想，自觉把个人理想、家庭幸福融入国家富强、民族复兴的伟业之中，让理想信念之光照亮奋斗之路。

弘扬民族精神，引领社会风尚。全国各族人民在长期奋斗中培育、继承、发展起来的伟大民族精神，为我国发展和人类文明进步提供了强大精神动力。我国工人阶级是物质财富的创造者，也是精神财富的创造者，是践行民族精神的重要力量。要自觉培育和践行社会主义核心价值观，踊跃参加群众性精神文明创建活动和以职业道德为重点的“四德”建设，勤于创造、勇于奋斗、善于团结、敢于梦想，当好伟大民族精神的传承者、弘扬者。要大力弘扬劳模精神、劳动精神、工匠精神，对标先进、见贤思齐，诚实劳动、勤勉工作，营造劳动光荣的社会风尚和精益求精的敬业风气，用工人阶级先进思想和模范行为影响和带动全社会。广大知识分子要踊跃参加“弘扬爱国奋斗精神、建功立业新时代”活动，形成不懈奋斗、团结奋斗的生动局面。

激发劳动热情，凝聚奋斗伟力。社会主义是干出来的，新时代也是干出来的。实现我们的奋斗目标，需要包括工人阶级在内的广大劳动群众继续在新时代的宽广舞台上建功立业。要以主人翁姿态积极投身经济建设主战场，干一行爱一行，钻一行精一行，以卓越的劳动创造争做新时代的见证者、开创者、建设者，以实干书写人生，用奋斗镌刻荣光。要围绕实施创新驱动发展战略，聚焦技术创新，拿出奋力拼搏的干劲、奋勇当先的闯劲、奋发有为的钻劲，攻坚克难、追求卓越，把关键核心技术牢牢掌握在自己手中。要自觉践行绿色发展方式和生活方式，保护生态环境，建设美丽中国，守护好蓝天碧水净土。

矢志改革创新，勇立时代潮头。人民是推动改革开放的真正英雄。新时代全面深化改革进入新阶段，改革开放天地宽，砥砺奋进正当时。我国工人阶级作为改革的参与者、推动者、受益者，要旗帜鲜明支持改革、全力以赴推动改革，以实际行动争做改革的促进派和排头兵，在全面深化改革新征程中再立新功。要识大体、顾大局，正确对待改革过程中利益关系和利益格局的调整，依法理性有序表达诉求，坚决维护职工队伍和谐稳定，更加紧密团结在党的周围。

勤于学习实践，练就过硬本领。劳动者素质对一个国家、一个民族发展至关重要。能力素质不是一劳永逸、一蹴而就的，必须持续升级、不断扩容。我国工人阶级要积极应对形势任务发展带来的新挑战，努力成为知识型劳动者，主动学习、善于学习，及时掌握新的科学文化知识和专业技术知识，在学习思考中开拓视野；努力成为技能型劳动者，勤学苦练、潜心钻研，掌握新技能、提升新本领，在生产实践中增长才干；努力成为创新型劳动者，增强创新意识、培养创新思维，激发创新才智、勇于创新实践，在千帆竞发、百舸争流的时代洪流中展现风采，在报效祖国、服务社会的精彩人生中有所作为。

工会是党领导的工人阶级群众组织，承担着组织动员广大职工为完成党的中心任务而共同奋斗的重大责任。立足新时代，各级工会要围绕统筹推进“五位一体”总体布局和协调推进“四个全面”战略布局，忠诚履职、奋力作为，不断开创新时代工会工作新局面。

始终坚定正确政治方向。要增强“四个意识”、坚定“四个自信”，坚决维护习近平总书记党中央的核心、全党的核心地位，坚决维护党中央权威和集中统一领导，在政治立场、政治方向、政治原则、政治道路上同以习近平同志为核心的党中央保持高度一致。要加强对职工的思想政治引领，引导广大职工增强对党的基本理论、基本路线、基本方略的政治认同、思想认同、情感认同，切实承担起团结引导职工群众听党话、跟党走的政治责任。

牢牢把握工运时代主题。把握为实现中华民族伟大复兴的中国梦而奋斗的时代主题，是我国工人阶级发挥主力军作用的重要体现，是工会组织体现价值、彰显作为的重要途径。各级工会要牢牢把握党的十九大提出的目标任务，把党和国家重大战略部署转化为工会工作的具体安排和实际行动，深化“中国梦·劳动美”主题教育，开展“当好主人翁、建功新时代”主题劳动和技能竞赛，组织动员广大职工为实现高质量发展贡献智慧和力量。要扎实推进产业工人队伍建设改革，造就一支有理想守信念、懂技术会创新、敢担当讲奉献的宏大的产业工人队伍。

切实做好维权服务工作。维护职工合法权益、竭诚服务职工群众是工会组织的基本职责，是发挥广大职工积极性、主动性、创造性最重要最基础的工作。各级工会要顺应职工群众对美好生活的向往，切实做好全面深化改革特别是供给侧结构性改革、去产能过程中职工权益维护工作，推动构建和谐劳动关系。要健全工会服务职工体系，做实服务职工工作，把党和政府的关怀与工会的温暖送到广大职工心坎上，成为职工信得过、靠得住、离不开的知心人、贴心人、“娘家人”。

不断深化工会改革创新。工会改革是全面深化改革的重要组成部分，也是工会组织的重要任务。要牢牢把握群团改革部署要求，聚焦增强政治性、先进性、群众性，构建联系广泛、服务职工的工会工作体系，切实增强团结教育、维护权益、服务职工功能，增强工会工作的动力活力。

深入落实全面从严治党要求。各级工会要认真贯彻新时代党的建设总要求，以党的政治建设为统领，以高度的政治自觉抓好工会系统党建工作，带动工会自身建设全面推进，把工会组织建设得更加充满活力、更加坚强有力。

各级党委要把工会工作摆上重要议程，加强和改进对工会工作的领导，关心工会干部学习和成长，为工会开展工作赋予更多资源，创造更好条件。

各位代表，同志们！新时代开辟工运事业新前景，新征程呼唤工人阶级新作为。让我们紧密团结在以习近平同志为核心的党中央周围，凝心聚力、锐意进取，为决胜全面建成小康社会、夺取新时代中国特色社会主义伟大胜利、实现中华民族伟大复兴的中国梦而不懈奋斗！

最后，预祝中国工会第十七次全国代表大会圆满成功！

参 考 文 献

1. 中华全国总工会中国职工运动史研究室. 中国历次全国劳动大会文献[M]. 北京：工人出版社，1957.

2. 中国工会十一大文件学习问答[M]. 北京：中国新闻出版社，1988.

3. 中华全国总工会办公厅. 建国以来中共中央关于工人运动文件选编（上）[M]. 北京：中国工人出版社，1989.

4. 中华全国总工会办公厅. 建国以来中共中央关于工人运动文件选编（下）[M]. 北京：中国工人出版社，1989.

5. 中国共产党中央委员会和国务院在中国工会第十二次全国代表大会上的祝词[N]. 人民日报，1993.10.25（1）.

6. 中国共产党中央委员会在中国工会第十三次全国代表大会上的祝词[N]. 人民日报，1998.10.20（1）.

7. 中国共产党中央委员会在中国工会第十四次全国代表大会上的祝词[N]. 人民日报，2003.9.23（1）.

8. 中国共产党中央委员会在中国工会第十五次全国代表大会上的祝词[N]. 人民日报，2008.10.18（1）.

9. 中国共产党中央委员会在中国工会第十六次全国代表大会上的祝词[N]. 人民日报，2013.10.19（3）.

10. 中国共产党中央委员会在中国工会第十七次全国代表大会上的致词[N]. 人民日报，2018.10.23（2）.

11. 从党领导中国工人运动的百年历史中汲取奋进力量[N]. 人民日报，2021.5.5（7）.

后　记

《中国工人运动史概论》是全国工会干部培训基础教材之一。

本次出版的《中国工人运动史概论》由全国总工会组织部、全国总工会研究室、中国工运研究所、中国劳动关系学院负责编写。参加编写工作的人员有：刘向兵，逄国君，杨志强，刘元文，戴文宪，杨晓智，谭丙华（第一章），杜楠（第二章），曹荣（第三章），李羿（第四章），韩亚光、石绍庆（各章大事记），冯永光（中共中央给历次全国劳动大会和中国工会全国代表大会的贺信、祝词、致词）。林辉同志参加了全书的修改和统稿。周忠良、刘鎏、石绍庆同志负责编写工作的沟通协调，参与编写了部分内容。王利中同志负责本书的总体策划、统筹安排、提纲编写，并审阅修改书稿。全书由张茂华同志审阅定稿。

由于编者水平有限，本书难免存在不足和疏漏之处，诚恳地欢迎广大读者批评指正。

编　者

2023 年 3 月